博 物 馆 里 的
考古大发现丛书

三星堆秘密

科影发现/编

中国科学技术出版社
·北京·

科影发现

科影发现

中央新影集团下属优质科普读物出版品牌，致力于科学人文内容的纪录和传播。团队主创人员由资深出版人、文化学者、专业插画师等组成。团队与电子工业出版社、清华大学出版社、机械工业出版社、中国科学技术出版社等国内多家出版社合作，先后策划、制作、出版了《我们的身体超厉害》《不可思议的人体大探秘：手术两百年》《门捷列夫很忙：给孩子的化学启蒙》《小也无穷大》《中国手作》《文明的邂逅》等多部优质图书。

科影发现系列丛书编委会

主　　任：张　力　池建新

副 主 任：余立军　佟　烨　刘　未　金　霞　鲍永红

成　　员：周莉芬　李金玮　任　超　陈子隽　林毓佳

本书编委会

执行主编：周莉芬

成　　员：张　孟　唐　真　查乙菲　董浩珉　任　超

　　　　　陈子隽　李晓龙　刘　蓓　张　鹏　林毓佳

　　　　　樊　川　赵显婷　孙艳秋　郭　艳　郭海娜

　　　　　宗明明

版式设计：赵　景　赵婧涵

图片来源：北京发现纪实传媒纪录片素材库

　　　　　图虫网　　123图片库

序

1986 年和 2021 年对于中国考古来说是两个特殊的年份。

1986 年 7 月，四川广汉三星堆遗址两个祭祀器物坑横空出世，数千件珍贵文物不断出土，轰动国内外，被誉为"20 世纪人类最重大考古发现之一"。这两个祭祀器物坑不仅标志着四川地区青铜时代的开端，而且显示了一种高度发达的文明。

三星堆，一个独特而耀眼的存在，它让传说中谜一样的古蜀国，从杳无踪迹的神话变成了可以触摸的真实。

2021 年 3 月，四川广汉三星堆遗址又陆续发掘出 6 个新的祭祀坑。大批珍贵文物陆续出土，金器、玉器、青铜器、象牙，丰富的埋藏品使其成为新的重大考古发现。一个巨大的谜团再一次牵动了世人的目光：它从哪里来？又去向了何方？

三星堆遗址的发现，是中国考古史上的一个奇迹——由一个考古遗址的发掘，发现了一个失落的文明，甚至改写了一部文化史。

古蜀文明是中华文明的一个重要组成部分。其中，三星堆文化是古蜀文明发展中的第一个高峰。中华文明源远流长，在起源和发展过程中形成了多元一体的格局，不同地区间文化、人群的交流与互动，共同促进了中国古代文明的繁荣。

正是因为中华文明有如此特质，中央电视台（以下简称央视）陆续推出了《古蜀秘境：三星堆迷踪》《哈尼人从哪里来》《再探三星堆》《三星堆遗梦》等三星堆文博类纪录片，通过三星堆发现、发掘、保护的故事，用文物去探索、梳理古蜀文明，从而更好地向世人呈现几千年前的三星堆古蜀文明，以及古蜀人独特的创造力、古蜀文明的发展脉络和价值理念等。

本书在央视多部广受欢迎的文博类纪录片内容的基础上，精心对三星堆、古蜀文明的发展脉络做了整合梳理，并添加了2021年最新考古发现以及考古人的最新研究解读，旨在系统、全面地向读者展现距今4000~2000年的三星堆古蜀文化的神奇魅力。

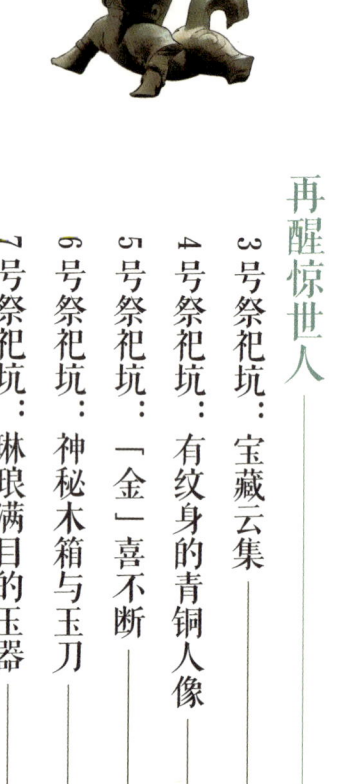

目录

三星堆遗址

三星堆博物馆

三星堆遗址是中国新石器时代末期至商代的大型遗址，为古蜀国都城遗址。它也是迄今我国西南地区发现的分布范围最广、延续时间最长、文化内涵最丰富的古文化遗址，因其最重要的考古发现都集中于名为三星堆的土丘周围而得名，是 20 世纪最伟大的考古发现之一。三星堆遗址博物馆，位于四川省广汉市城西的鸭子河畔，是我国首批国家 AAAA 级景区、首批国家一级博物馆，入选《中国世界文化遗产预备名单》。博物馆主要由"综合馆""青铜馆"两大基本陈列展馆和一个"修复馆"构成，集中展示三星堆作为长江文明之源和天府文化之根的辉煌灿烂，以及三星堆遗址新出土文物的修复过程，并向公众普及相关文物保护知识。

青铜纵目面具

一醒惊天下

沉睡数千年，一醒惊天下！

1986年的一次偶然发现，大量面貌奇特的青铜器物在三星堆陆续出土：造型奇特的青铜面具、巨大的青铜神树、金光熠熠的黄金权杖……这些造型独特、埋藏方式怪异的青铜器物，一出土就震惊世界，被认为是20世纪最伟大的考古发现之一。在此之前，没有多少人会想到，一个偏处西南边隅、四川腹地不起眼的小村落竟有如此辉煌发达的青铜文明。

广汉市

三星堆惊现神奇秘宝

在四川省广汉市南兴镇北，有一个震惊世界的未解之谜——20世纪最伟大的考古发现之一三星堆遗址，即将在这里登场。

马牧河从这里蜿蜒淌过，将南兴镇分为北、南两部分：北部中央有一道月牙般的弯道，人们称之为"月亮湾"；马牧河南岸，三个起伏相连的黄土堆遥遥相望。这里的村民口口相传着一个传说：玉皇大帝看上了人间的一块风水宝地，就随手撒了三把土，这三把土变成突兀在平原上的三座黄土堆，排列宛若天上的三颗星辰，人们称之为"三星伴月堆"，即三星堆。

最初，三星堆只是一个再普通不过的小地方。1929年，村民燕道诚在清理水沟时掏出一坑玉石器，引起相关部门注意。1934年，华西协和大学组织考古队进行了10天的发掘，三星堆从此被世人得知。中华人民共和国成立后，三星堆考古工作陆续恢复。20世纪80年代后，三星堆迎来大规模连续发掘时期。

1986 年 7 月 18 日，三星堆土堆附近的工人们正在取土烧砖，突然一些散碎的玉片出现在土层中。得知情况后，四川省考古队立即赶到现场。在随后的 61 天里，考古专家在两座藏满宝物的土坑中，发现并出土了 900 多件精美古器物，这些器物体量巨大、风格诡谲，一下子就让三星堆遗址成为全世界瞩目的焦点。

三星堆这两个祭祀坑的系统性发掘，让沉睡千年的古蜀文明"一醒惊天下"。经过整理，一号坑共发现器物 567 件，其中青铜制品 178 件、玉器 129 件、石器 70 件，还有金器、象牙、海贝、骨器陶器，以及约 3 立方米的烧骨碎渣；二号坑共发现、出土各类文物及残片 6000 多件，其中青铜制品 736 件、海贝 4600 枚、黄金制品 61 件、玉器 486 件，以及各种石器、绿松石、象牙及象牙制品等。

出土文物数量之大、品类之丰富，都足以向世人证明，这里不仅仅是一个简单的古代生活遗存，而是一种文明。

在此之前，人们一直认为，中华文明的发源地在黄河流域，而三星堆文明的发现，向世人昭示，长江流域与黄河流域一样，同属于中华文明的母体，甚至有考古学者将三星堆文明誉为"长江文明之源"。

戴金面罩的青铜人头像

　　那么，震惊世界的三星堆遗址及其出土的这些精妙复杂、造型奇特的青铜器物，在古时候到底是什么样的存在，有着什么样的作用呢？

　　考古人员发现，这两座埋藏坑位于三星堆遗址的中部，两坑相距不过二三十米。两坑的坑室走向一致，均为东北和西南方向。坑口呈长方形，口大底小，坑壁整齐，经填土夯打而成。而令人诧异的是，坑内器物绝大多数在埋葬前都经过明显焚烧和破坏，也因此烧焦、残损的碎片散落在坑中，比比皆是。

　　左传云："国之大事，在祀与戎。"

考古现场

坑内残碎的器物

祭祀活动在古代社会中占据着十分重要的地位，而整个过程必不可少的就是能代表统治者权力地位和向心力的礼器，它们是统治者身份等级和意志的集中反映。研究发现，礼器最早出现于新石器时代晚期，在夏商周时期成熟并盛行。

考古人员推测，三星堆发现的这两个坑是当时人们祭祀活动的实证，坑内出土的器物就是当时人们祭祀活动的礼器。考古学家的工作就是从这些器物中剥茧抽丝，去探寻它们的故事，去了解当时人们的生活状况，去触碰当时的文明。

大型青铜纵目面具挖掘现场　　　纵目面具特写

大型青铜纵目面具

　　考古人员在 2 号祭祀坑的抢救式发掘过程中，发现一件巨大而神秘的面具。这个奇怪的青铜面具有着和人一样的面孔，眼睛突出，耳朵穿孔，它的下颚有明显的灼烧痕迹，似乎是被大火焚烧之后才被埋入土坑。它就是大型青铜纵目面具。

　　这件纵目面具重达 100 多千克，刚被发现时是倒着放的，且因为造型过于夸张，一度被认为是某位皇帝宝座的背圈，待清理出来后，人们才惊觉它是一件大型面具。

青铜纵目面具

纵目面具面部表情极为生动，眉尖上挑，口缝上扬，做出神秘微笑状，双耳如同一双飞翔的翅膀向两侧充分展开，最让人吃惊的，是它那双向前突伸16厘米的眼睛，因此被誉为"千里眼、顺风耳"。

从1、2号祭祀坑中，考古人员共发现并出土了3件青铜纵目面具，它们全都双目前凸、双耳外展。除了纵目面具外，2号坑还发现了20件瓦形鼓目面具。三星堆出土的面具有这样两种：一种是纵目瓦形面具（简称纵目面具），一种是鼓目瓦形面具（简称鼓目面具）。

三星堆面具穿孔

祭祀场景动画图

祭祀祈祷

　　人们推测，器物的设计者和铸造者，似乎在刻意强调突出面具看得远、听得广的特殊功能；面具额头有流云状额饰，似乎寓意戴面具者天赋异禀，有驾驭流云之能。

　　那么问题来了，它们是谁？

　　专家认为，在三星堆众多祭祀礼器中，最有可能代表受祭者形象的器物，毫无疑问就是面具了。而纵目面具之所以体量格外巨大，因它代表的是蜀国开国君主"蚕丛"，鼓目面具则代表"蚕丛"之后的其他蜀王。

　　为什么这样说？因为纵目面具体量很大，说明它不是戴在人脸上的，联想到它背面均呈瓦形，额侧与下颌两侧均有对穿方孔。这些特征表明，这种面具一定是被悬挂在高处，高高供奉起来使用的。而鼓目面具略小于纵目面具，它的额部和颌部的穿孔同样表明，它们也是被悬挂在高处的。

　　可见，面具是作为受祭者的形象被当时的人们祭拜的。这很符合古时人们从始祖往下所有祖先一起祭祀的形式，学者们称之为"合祭"。

祭祀场景图

 青铜大立人

三星堆考古发现是惊喜连连，神奇宝物接连不断。

考古人员将 2 号祭祀坑里碎成几段的人形雕塑摆放在一起，发现它竟然拼成一件通高近 3 米的完整器物，这就是青铜大立人像。这件青铜大立人底座高 80 厘米，人像高 172 厘米，戴 10 厘米高的头冠，堪称"世界青铜之王"。

这件青铜大立人像与真人等高，表情肃穆，双手作持握物品状，站立于高台之上，显得十分庄重威严。青铜大立人衣着端庄，身穿三件右衽套装上衣，衣物纹饰繁丽，上有龙纹、鸟纹与虫纹纹饰。有人认为他穿的衣服就是当年的丝绸，相当于后世的龙袍。

毫无疑问，在金属稀缺的古代，人们用如此多青铜铸造出这样一位高大伟岸的人物，其地位一定非常高。专家认为，大立人代表的是巫师、祭司的形象，即主祭者。

通常，隆重的祭祀活动，往往不止由一个人来实施，除了主祭者之外，还会有从祭者。

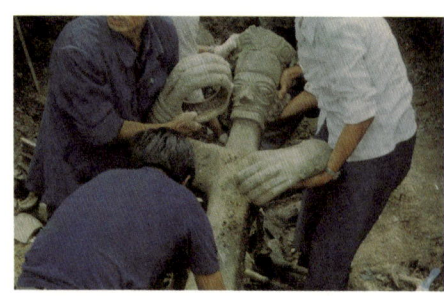

青铜大立人像出土场景

青铜大立人像

青铜兽首冠人像

　　随之而来的发掘验证了专家推测。各种令人惊奇的人头像接二连三被发掘出来，如青铜顶尊人像、青铜执璋人像、青铜跪坐抚腹人像、青铜兽首冠人像等，它们数量巨大、造型奇特、风格迥异，俨然是一个青铜人像组成的王国。

　　这些青铜人像，有的是表情威严的男性角色，有的是端正俊美的女性形象，还有的索性戴上了金面具，不过它们都有着相同的相貌特征：眼睛微凸，耳朵穿孔，并且拥有一个高高的鼻梁。

　　专家推测，这群青铜人像代表的是不同族群和社会阶层的从祭者。

眼形器和太阳轮

值得注意的是，青铜大立人头戴筒形高冠，分为上下两层：下层平行环绕着一圈纹饰，十分美观，筒形设计让帽子看起来方正而威严；头冠的上层居然刻着一对"眼睛"。专家们称这顶头冠为"天目冠"。

除此之外，人们在三星堆1、2号祭祀坑还发现并出土了诸如菱形、勾云形、眼泡形等形制眼形器。

三星堆人崇拜眼睛吗？专家推测，三星堆人崇拜的不是眼睛，而是太阳。

大立人像所戴的头冠

太阳轮
ZE SUN WHEEL 照
采用二次铸造法制成，是古蜀太
物。其制作方式是先将晕圈和五
再用嵌铸法将太阳状物嵌铸在
与晕圈相互连接，太阳中心和晕
有连接孔。从三星堆出土的太阳
识别出六件个体。
wheel was applied a secondary casting
proceeds as follows: after casting the
rays, the sun was cast embedded on the
d to the halo at last. There are connect-
nd of the sun center and the halo rang
g the fragments of the sun wheels
nxingdui, six of them can be identified.

　　在三星堆2号祭祀坑中，考古人员发现了6件青铜轮形器，直径在85厘米左右，器物为圆形，周围五芒呈放射状布列，芒条与外围晕圈相连接。

　　这种形制的器物在以往出土文物中从未见过，因其与同坑出土的铜神殿屋盖上的"太阳芒纹"形式相似，且整体图像也与四川珙县僰人悬棺墓岩画上的太阳符号颇为相像，考古人员将其定名为"太阳形器"。

　　专家认为，青铜太阳轮是古蜀人太阳崇拜的实证。

　　对远古时期的人们而言，太阳崇拜再正常不过，因为农作物生长靠太阳，温暖的阳光照射大地，还能为人类驱散黑暗。

中国古代太阳图像集录
COLLECTION OF SUN-SHAPED
IMAGES OF ANCIENT CHINA

青铜太阳轮

三星堆人将太阳绘制成眼睛的形状，如青铜大立人头上戴的天目冠，以此来祈盼国家蒸蒸日上、永放光芒。

也有研究者认为，此器并不是太阳的象征，而是车轮，中心部分是轮毂，放射形条状物是车辐，外圈是轮圈；还有观点认为这是用于军事作战的盾牌上的盾饰。

不过，多数意见认为，这种"太阳形器"，是常设在古蜀国神庙中的神器，或者它是祭祀仪式中钉挂在某种物体之上，作为太阳的象征接受人们膜拜的。

三星堆祭祀坑出土各种太阳纹饰表明，"太阳崇拜"在三星堆古蜀国的地位颇为突出。

青铜神树

青铜神树

2号祭祀坑共出土6棵青铜神树，其中最高大、保存状况最好的是一号青铜神树。

它在出土时破损得非常严重，树枝和树干共碎成20段，其他零件更是四处散落，经过专家10年潜心修复，人们才得以看见这棵神树的全貌。它修复后虽然仍不完整，但残存高度也有3.96米，专家估计其完整高度应该在5米左右，这是迄今为止中国青铜器中最为高大的一件。

青铜神树整体设计十分巧妙，造型奇美，主要由树座和树干两部分组成。树座略呈圆锥状，底座饰云气纹，上铸三个拱形，寓意三座神山连绵起伏。神树铸于"神山之巅"的正中，笔直挺拔，树根外露。树干上有3层树枝，每层又分为3枝丫。3根树枝的花和果上都站立着一只鸟，共9只。在二、三层树枝与树干相连接处各铸有一个炯纹圆环，树干一侧还有一条身体倒垂的飞龙固定在树干上。

如此奇妙高大的树和树上的鸟到底代表着什么？有什么寓意？人们一时毫无头绪，后来人们在中国上古奇书《山海经》中找到与三星堆出土的多种器物特征极其相似的描述。

青铜神树上鸟的特写

经研究，大部分学者认为，《山海经》是一部描述世界地理人文的纪实类书籍，且以我国巴蜀地区为中心向外扩散，这个结论恰好与三星堆的地理位置相重合。

在三星堆器物中很多想不通的地方，人们仿佛都能在山海经里找到答案。

《山海经·海外东经》中记载："汤谷上有扶桑，十日所浴，在黑齿北。居水中，有大木，九日居下枝，一日居上枝。"《山海经·大荒东经》："汤谷上有扶木，一日方至，一日方出，皆载于乌。"扶桑、扶木指东方神木。说的就是汤谷这个地方有一棵扶桑树，上有十个太阳栖息，一个太阳刚刚回来，另一个太阳则要起身出去，十个太阳都是由金乌驮着的。

这跟青铜神树完全对应上了：十个太阳一日至则一日出，除一个太阳始终在天上外，另九个太阳就栖息在树上。这棵青铜神树可以说是十日神话的真实写照了，这棵青铜树自然就是扶桑——一株太阳神树。

人们发现，这棵青铜神树底座只有0.37米，但座上（即山上）的树干却高3.59米，树的高度竟然是山的高度的10倍；神树上一条龙沿树干蜿蜒而下。这是否寓意着这是棵能沟通天地的神树，人们借助它能上下于天地之间？

《山海经》

玉戈

石璧

 青铜神坛

　　整个 2 号坑中，体量最大的器物分别是纵目面具、大立人像和大型青铜树，考古专家认为，它们分别承担了受祭者、祭祀者和媒介的功能，构成了一场祭祀活动的核心。

　　人们还在祭祀坑中发现了许多珍稀器物，如象牙、海贝、铜尊、铜罍、铜瓿、玉璋、玉凿、玉璧、虎牙等。其中很大一部分都是古人很难获得的物品，如象牙、虎牙分别来自体型巨大的大象和人类极难驾驭的猛兽；海贝很可能来自印度洋，属于远程贸易物品，其珍贵程度可想而知；同样受原料来源、生产技术的限制，铜尊、铜罍、铜瓿及玉璋、玉凿、玉璧等也非常珍贵。

　　这些器物的珍稀程度，使它们具备了在隆重祭祀场合中作为祭器的条件。然而，仅凭器物的珍稀性还不足以认定它们是祭器，更要看它们是如何被使用的。

　　幸运的是，考古人员在 2 号祭祀坑中，发现 3 件青铜神坛残件，用了两年左右时间，才将它成功修复。青铜神坛，跟青铜神树一样，被誉为三星堆最为神秘的青铜神器。

玉璧

祭祀坑出土的象牙、玉石器等

修复好的青铜神坛共包括 4 个部分，分别是底下的兽形座，中间的立人座、山形座，以及最上面的盝顶。从神坛器体造型，人们不难窥见古蜀人在特定场合中的祭祀场景：祭祀者是如何站位的、多排跪人以及立人是如何用统一手势举持物品的。

从中人们了解到，祭祀活动中，玉璋、玉凿、海贝等大多是装在铜尊或铜罍中的，而铜尊、铜罍在被埋藏前大都被砸碎，象牙入坑之前或同时曾被烧燎。这些都是祭祀活动中的重要环节。

青铜神坛的发现，无疑为三星堆遗址祭祀礼仪和宗教信仰提供了强有力的物证。

黄金权杖

1986 年 8 月 29 日，1、2 号坑的挖掘工作到了收尾阶段。考古人员在 1 号祭祀坑西部边缘发现一个黄金色的物体，刚开始以为它是金腰带；整件器物清理完成后，人们才发现，这是一件 1 米多长的金器，且金器里仍留有炭化的木渣。

显然，它是一根由金箔包裹木棍的黄金权杖，经碳 14 检测确定，这根黄金权杖的年代为公元前 4000—前 3600 年。

青铜神坛

　　黄金器物自古就是稀世珍宝，且在中国墓葬里很少发现；而用黄金打造的权杖，在中国更是前所未有。

　　三星堆1号祭祀坑出土的这根黄金权杖，长143厘米，直径2.3厘米，重463克，是用金条捶打成金皮后再包卷在木杖上的。虽然因年代久远，木杖已经腐化，但黄金箔片依然保存得很完整，甚至黄金权杖上一端铭刻的长约46厘米的图案也清晰可见。

　　图案共分3组：靠近端头的一组，合拢为两个前后对称，头戴五齿巫冠、耳饰三角形耳坠的人头像，笑容可掬；另外两组图案相同，其上下方分别是两背相对的鸟与鱼，在鸟的颈部和鱼的头部叠压着一支箭状物。

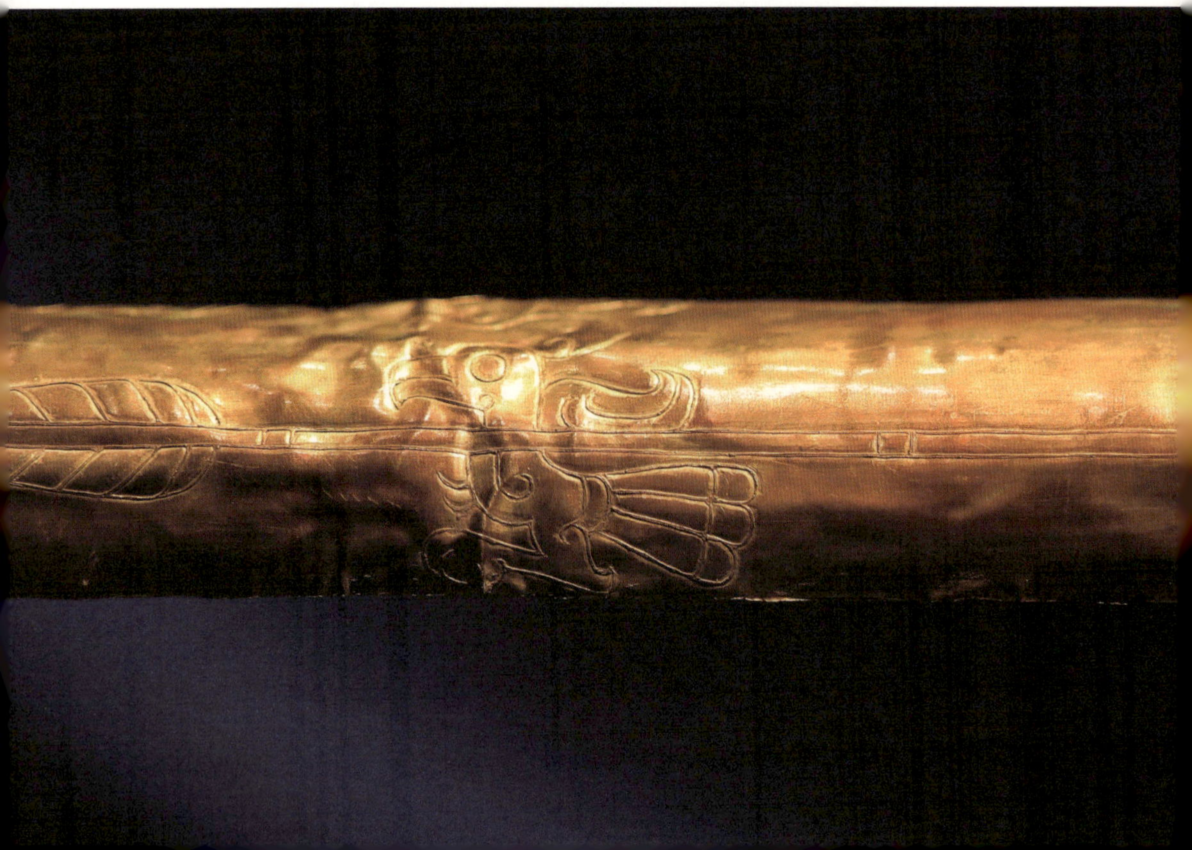

　　关于图案所表现的内容，目前学术界还没有定论。不过有观点认为，它们代表的是分别以鱼和鸟为祖神标志的两个部族联盟形成的鱼凫王朝；也有观点认为，金杖上的鱼鸟图象征着上天入地的功能，是蜀王借以通神的法器。

　　多数学者倾向于认为金杖即权力，是"王者之器"，象征着王权与神权，且这根黄金权杖应为古蜀国最高政治人物与宗教人物所用。

　　随着其他黄金器物的相继出土，2号祭祀坑最具代表性的器物——戴金面罩青铜人头像被发现，整件人头像金光熠熠，气度非凡。

黄金权杖

黄金权杖上纹饰

辫发青铜人像

　　三星堆两个祭祀坑共出土了 50 多件青铜人头像，这些头像，有的头部是圆顶、有的是平顶，有的封顶、有的不封顶，有的笄发、有的辫发、有的立发，专家推断他们应为各部族的首领。

　　这其中，仅有 4 件青铜人头像是戴着金面罩的，由此推测它们代表的阶层应该有着特殊身份和绝对地位。

　　不难看出，三星堆祭祀活动的规模是极高的，是属于国家范畴的祭祀。

　　人头像是作为神庙中祭祀神像存在的，而戴面具青铜人头像所代表的人物一定手握生杀大权，且有与神交流的特殊技能。

　　考古人员对三星堆金器制作工艺研究发现，三星堆金器有一个共同特点，就是将黄金打制成薄片，包裹在器物表面作装饰用。这种装饰方法，考古人员在郑州商城、湖北盘龙城和安阳殷墟等遗址出土的文物中都有发现，这是商朝以及受商朝影响的地区金饰的一大特征。如，盘龙城出土的黄金，就和绿松石一起做成绿松石金眼兽面，异常精美。

　　三星堆出土的器物虽然造型奇诡，但从器物器形、铸造工艺来看，它与中原文明是不可割裂的。不过，在文化吸纳和融合过程中，三星堆器物加入了三星堆先民自己的信仰和审美，最终形成了人们所见到的、奇异的三星堆文明。

戴金面罩的青铜人头像

3号祭祀坑出土的金面具

再醒 惊世人

　　1986 年三星堆 1、2 号祭祀坑众多造型奇诡的文物一面世，就震惊全世界，同时也向世人揭开古蜀文明的神秘面纱，引发人们对古蜀国众多的猜想。

　　时隔 30 多年后的 2019 年 10 月，三星堆新一轮考古工作开始，在 1、2 号祭祀坑周围，人们又新发现 6 个祭祀坑。每一次这些奇特而珍贵的国宝上新，都将人们对三星堆考古的热情推上一个新台阶。三星堆到底还有多少惊喜等人去发现，又有多少谜团待人去破解？

从 2019 年 10 月开始，之后的两年多时间内，在三星堆 1、2 号祭祀坑附近，考古人员又陆续发现 6 个埋葬坑，共计出土文物达 1.3 万多件，相对完整的文物就有 3000 多件。

三星堆上新的器物数量之巨、种类之多、造型之奇特、文化内涵之丰富，空前地激发了人们对三星堆文明的探究热情，同时也引得人们连连惊叹古蜀人高超的艺术和技术水平。难怪有人感叹：没见过三星堆的文物，你永远不知道自己的想象力有多么贫乏！

考古人员在对近 200 件样品做碳 14 测年，测得的数据显示，这 6 个祭祀坑的时间集中在公元前 1131 年至前 1012 年。除 5 号、6 号坑年代稍晚外，3 号、4 号、7 号、8 号坑的埋藏年代一致，均为商代晚期，距今 3000 多年。

考古人员也基本确认，三星堆祭祀区位于马牧河南岸，"三星堆城墙"与遗址南城墙之间的中部，大致呈西北—东南走向，长方形分布，总面积近 1.3 万平方米。祭祀区与"三星堆城墙"和城壕大致平行。

三星堆用实物证明，我国古代文明在几千年前的新石器、青铜器、铁器等各个时代是走在世界前列的。

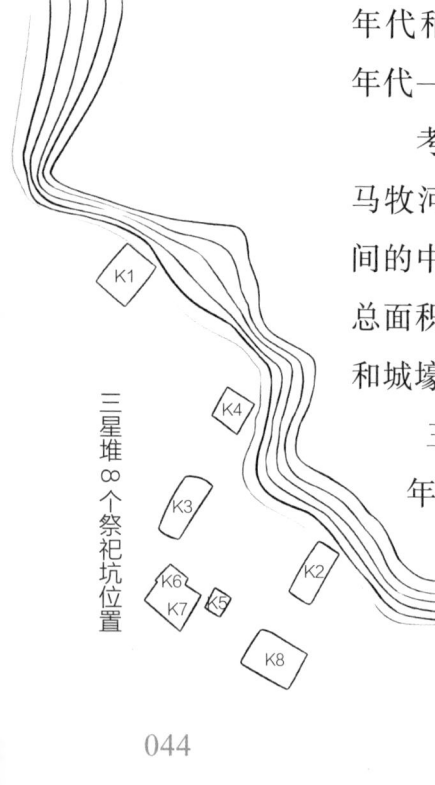

三星堆 8 个祭祀坑位置

三星堆祭祀坑

3 号祭祀坑圆口方尊

　　文物虽然不能开口表达，却是辉煌历史的见证者，读懂、破解它们无声的语言，人们才能穿越时空的距离，回到 3000 多年前那段空前璀璨的古蜀文明。让我们将目光聚焦到新发现的 6 个祭祀坑，看看都上新了哪些国宝重器吧。

3号祭祀坑：
宝藏云集

　　3号坑堪称是"聚宝盆""宝藏坑"，将上层平均厚1.2米左右的填土清理出来后，下面就是灰烬和埋藏物。其中，灰烬集中分布在东北角，且从东北方向倾斜，说明灰烬是从东北角倾倒到坑里的。整个3号坑遍布着象牙、海贝以及大量铜器、玉石器和少量金器。

　　据统计，3号坑是目前为止8个坑中出土器物数量最多、类型最丰富的坑，目前已编号器物1500多件，铜器数量为1100多件，诸如顶尊跪坐铜人像、顶坛铜人像、戴尖脊帽铜小立人像、铜大面具、铜圆口方尊等国宝级文物从诸多器物中脱颖而出。

　　2021年4月，三星堆3号坑成功提取出一件完整的圆口方尊，这件圆口方尊上刻有传统兽首及饕餮纹，肩部还有飞鸟来栖的独特设计。在此之前，传世的圆口方尊只在台北故宫有一件。

3号祭祀坑青铜神兽

3 号祭祀坑出土器物

　　3 号坑还提取出一件宽 130 厘米、高
75 厘米、重 131 斤的巨型青铜面具。这是
三星堆迄今为止发现的体量最大的青铜面
具，比三星堆博物馆陈列的青铜纵目面具
和大面具还要大。

　　除巨型青铜面具外，3 号坑还出土了一
件宽 37.2 厘米、高 16.5 厘米、重约 100 克
的金面具，这是目前三星堆发现的完整金
面具中体型最大的一件。金面具薄如蝶翼，
眉眼镂空，两耳轮廓圆润有耳洞，鼻梁高挺，
嘴形大而微张，造型威严神圣。

　　3 号祭祀坑还首次发现人尊组合大型青
铜器——铜顶尊跪坐人像，铜人面部表情夸

张，双手持物于身前，头顶青铜大口尊，通高 115 厘米，上部为一件 55 厘米青铜大口尊；下部则为一呈跪姿、高 60 厘米的铜人。

虽然尊的颈部已经破裂，但依然可以看到铜尊口沿内侧有短柱，腹部雕刻着复杂的兽面纹样，肩部焊有精美的龙形纹饰，充满神秘感。尊在古代是用作酒器，祭祀活动中体现敬重和推崇。从铜顶尊跪坐人像可以看出古蜀祭祀场景有多么隆重。

3 号坑出土的神树纹玉琮，由整块灰白色玉料加工而成，两侧对应刻有浅浅的神树纹样，这种带神树纹的玉琮前所未见，玉琮的出土证明了几千年前三星堆先民在交通不便的情况下与千里之外的中原文明沟通、交融的发展过程。

3 号祭祀坑金面具

4号坑灰烬以竹炭为主

4号祭祀坑：
有纹身的青铜人像

　　4号坑位于发掘区中北部，坑内是大面积的黑色烧土，有明显的火烧痕迹。考古人员在4号坑发现埋藏物以象牙居多，陶器次之，且这些陶器都是碎片，在出土的1800多件残件中，近1100件都是陶残片，考古人员还整理发现完整器物近80件。

　　坑内破碎的陶片，因长年累月掩埋在烧土中而被浸黑，考古人员难以辨别其原貌。考古人员分析，这些灰烬色度很重，应为竹炭、楠木以及零星稻谷焚烧而成。这也说明，3000多年，

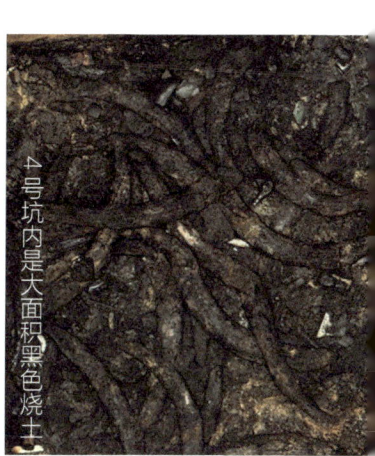

4号坑内是大面积黑色烧土

三星堆已经有稻谷存在。而考古人员发现，这些陶片多以矮领瓮为主，能盛放一些谷物或酒水，但其在祭祀时是如何使用的，还有待考古人员的进一步研究。

考古人员还通过对灰烬层取样进行碳14测年，发现4号坑最晚可能进入西周初年，它可能是几个祭祀坑中最后一个或几个之一。

4号坑中较为典型的器物即铜扭头跪坐人像，共3件，它们被考古人员戏称为"三胞胎"，一被提取出来，就因造型写实、姿势奇特、面部表情栩栩如生而备受关注。

这 3 件扭头跪坐人像都采取双膝跪坐姿势，头扭向右侧，双手呈半合十状平举于身体的左前方。最引人注目的是它们的头发，一股盘发一周从左侧束发向上，另一股头发从左后肩冲天而上，两股头发形成的铜条大致平行，中有缝隙。

扭头跪坐人像的两手间缝隙和两股头发间缝隙，共同构成一个卡槽。考古人员判断它们应该属于同一套器物，是在埋葬之前以某种方式组合在一起使用的。

有趣的是，这 3 件扭头跪坐人像也是三星堆首次发现有"纹身"的青铜人像。考古人员发现，除人像所穿衣物刻有繁杂多样的纹饰外，人像的两小腿外侧、小腿肚上、双手手背及指背上都雕刻有不同纹饰，这些纹饰是直接刻画在皮肤上的，这在三星堆文物中还属首次发现。

从整体来看，这 3 件扭头跪坐人像保存良好，形态逼真，细节丰富，浇铸工艺精湛，展现出三星堆高超的青铜铸造艺术水平，也为考古人员研究古蜀人的社会体系、生活习惯和文化交流提供了丰富的信息。

4 号坑还出土了其他器物，诸如铜挂饰、铜人头像、铜瑗、金带、圆形金箔片以及玉琮、凿、璧等。

4号祭祀坑铜扭头跪坐人像

5号祭祀坑金面具

5号祭祀坑："金"喜不断

　　5号祭祀坑是6座坑中最小、最神秘的一座，占地仅3.5平方米。不过，5号坑虽然小，但十分特殊。

　　甫一发掘，5号坑就因一件残缺的黄金面具惊艳全国，除此之外，这里还发现诸如金冠、圆形金箔片、金珠、斧形金器等黄金器物，以及象牙雕碎片、铜器、玉器，因此有人说5号坑堪称"金玉满堂"。

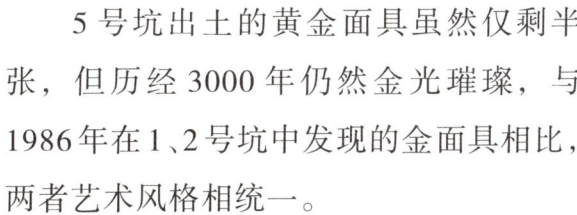

5号坑出土的黄金面具虽然仅剩半张,但历经3000年仍然金光璀璨,与1986年在1、2号坑中发现的金面具相比,两者艺术风格相统一。

不同的是,5号坑金面具在尺度和体量上远超之前的黄金面具。它比之前的黄金面具更为厚重,残缺部分重约280克,预计完整的金面具应该超过500克,完整的黄金面具要比目前国内出土商代最重的金器——三星堆金杖(重463克)还要重。

斧形金器是5号坑继黄金面具之后发现的最大的金器,它的整体形状像斧头,前端有一个弧形的刃,表面有三道有规律的凹槽,凹槽内还残留有绿色的物质,凹槽处之前应该是镶嵌有玉石之类的物质。

5号坑金玉满堂

　　专家根据其形状推测，它可能是一件象征权利的钺。若真是如此，加上金面具，拥有它们的人的地位将无比尊贵。

　　鸟形金饰刚出土时是拧成一团的，后经清理展开，发现是一件保存得较为完整的鸟形金箔。鸟首上有两孔，翅膀向两侧展开，有三道尾羽。整件器物宽9厘米，金箔厚度仅有0.007~0.012厘米。考古人员并未在三星堆出土器物中发现其他类似器物，无法很好判断它到底有什么寓意，甚至有专家猜测它并不是鸟的形状，说不定是某件器物的某个局部而已。

考古人员还在5号坑内发现规律分布的圆形金箔片和玉器，以及大量散落的金珠，这些金珠有的直径只有零点几毫米，有的即使在显微镜下都不大。

专家初步判断，这些金箔片与玉石器，大都有小孔，它们可能是串起来做黄金面具的坠饰使用的，很有可能是古蜀国王在举行盛大祭祀仪式时佩戴的。也因此有专家猜测，5号坑很有可能埋藏的是某位巫师在祭祀活动中所佩戴的行头——面具、象牙礼器、金片衣饰物等。

经检测，5号坑出土的金珠、金箔的含金量竟然高达99%，可以想见，古蜀人当时的金艺水平有多么精湛和发达。

5号祭祀坑鸟形金饰

6号祭祀坑：
神秘木箱与玉刀

　　5、6号坑祭祀遗存是几个祭祀区中偏晚阶段的遗存。6号坑位于发掘区南部偏西，上是填土，下是埋藏物。坑内共计出土编号器物47件，其中石器7件，陶器3件，玉器、铜器各1件，再就是绿松石片、象牙残片和骨渣等35件。

　　6号坑最重要的发现就是一个长方形的木匣子和2件玉器，其中一件是一把独特的压箱底玉刀。在三星堆遗址考古发掘中，这是首次发现保存得如此完整的3000多年前的木匣子。

　　木匣子长约1.7米，宽约0.6米，高约0.4米，木匣子上没有发现盖板，在它内侧壁板上发现涂有朱砂。考古人员还在木匣子边上发现一根长条状不规整的木质器物。

　　在木匣清理工作结束时，考古人员在

匣底发现了一把玉刀，它跟如今人们常见的西餐刀十分相似。刀刃十分锋利，刀背处刻划有类似鱼背鳍状的装饰。

　　专家推测，古时候，玉器通常是作为礼器使用的，没有什么实用价值；不过这把玉刀的刀刃相当锋利，也许有一定实用性。随后考古人员在木匣子中检测出丝蛋白，说明这里很可能装有丝绸；再通过显微镜观察到玉刀刀尖有残损、刀刃部有使用过的痕迹，由此推测，这把玉刀很有可能是纺织工具。

6号坑玉刀

6号坑木匣上的朱砂

7号坑器物

7号坑铜瑗

7号祭祀坑：琳琅满目的玉器

7、8号祭祀坑器物多，玉器、金器以及前所未有的青铜器，尤其象牙非常多。除此之外，7号坑器物还以"小而美""小而精"而备受世人关注。

6号坑有一部分与7号坑重叠，压在了7号坑之上，不过并没有破坏7号坑内的器物。目前7号坑已出土器物不多，除231根象牙外，其余器物有1100多件。

7号坑玉器种类多，有玉璋、玉凿、玉斧、玉瑗、玉戈等，看得人眼花缭乱；出土的青铜器也多以小件器物为主，如青铜挂架、神树残枝、眼形器、铜铃、铜瑗，以及薄如纸片的青铜片等，器物小、碎片多。

考古专家还在7号坑发现一些从未见过的新器类，如一件被称为7号坑镇坑之宝的"龟背形网格状器"青铜器，器物上面是很像龟背的青铜椭圆形网格，内是一个背部驼起的椭圆形完整玉器。

清理掉器物上的泥土后，考古人员在器物一侧发现有门合页状的插销，而另一侧则有两条铜背带把两层网格"拴"在了一起。

因为铜本身是比较硬的，所以打造铜带时加入了锡等矿物质增加其韧性，由此可见古蜀人的青铜技术有多么精湛。

内部的椭圆形玉器呈青绿色，质地非常好，看上去就好像是天然镶嵌在青铜网格之中似的。考古人员认为，这种网格是古蜀人有意识模仿了竹条或藤条编织的效果。在龟背形网格状器上，考古人员还发现有大量丝质物、纺织物痕迹，且纺织物上图案十分罕见。

紧邻龟背形网格状器，考古人员还提取出许多青铜片，每片青铜片只有巴掌大小，厚度几乎与 A4 打印纸相同，确实是薄如纸了。这些薄铜片层层叠叠垒压在一块，厚度不到 4 厘米。值得一提的是，这些铜片虽已埋藏 3000 多年，但绝大部分并未锈蚀，依然保留着 3000 多年前的"金"色。

值得一提的是，考古人员在 7 号坑还清理出彩绘器物，如薄如叶的青铜器，在其青绿色铜锈上能依稀见到黑色彩绘花纹；如青铜人头像，其人物发辫上还带有黑色彩绘，发辫凹槽内清晰可见红色彩绘。这些彩绘器物的出土，也给考古专家解码三星堆谜团提供了新线索、新钥匙。

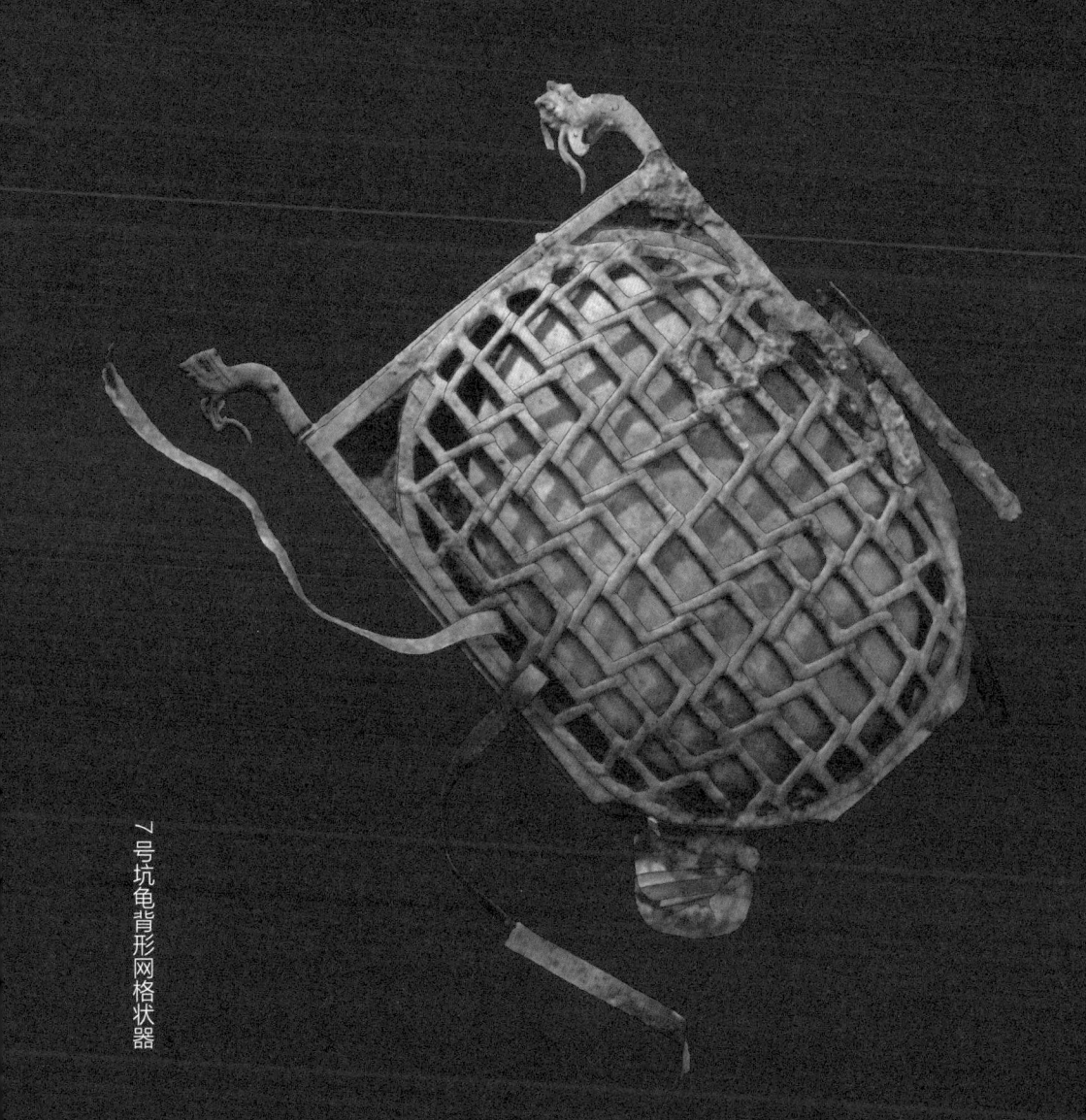

7号坑龟背形网格状器

8号祭祀坑：
千奇百怪的神坛神兽

与其他祭祀坑有所不同，8号祭祀坑是目前唯一有厚实灰烬层的祭祀坑。考古学家们花费了长达4个月的时间清理，从灰烬里清理出3800多片青铜器、320多件玉器、超过360件金箔器、象牙300多根，以及绿松石、骨角器、海贝、骨渣等100多件；其中，相对完整的器物就有900多件。

考古人员在第一层灰烬层中清理出大量青铜器碎片，包括200多件玉器、300多件金器；在第二层清理出300多根象牙，在第三层清理出的器物最多最为丰富，如有穿孔石磬、青铜写实人像、青铜神兽、涂朱圆罍、金面罩人头像、虎头龙身青铜像、猪鼻龙头管、青铜羽蛇、青铜镂空权杖、顶尊蛇身铜人像、穿裙立人像、立鸟神树树枝、倒立顶尊人像、青铜神坛，以及青铜太阳形器、朱砂彩绘瓠形尊等。

与3号祭祀坑发现的青铜神坛相比，8号祭祀坑出土的神坛体积更为庞大。神坛分为台基、人像和神兽三部分。

8号坑铜龙

青铜神坛

　　台基又分三层，逐渐缩小；台基之上是一个平台，铸有 4 组青铜人像，共 13 个人，人物状态迥异、大小不一，有的身着飘带彩衣、翩翩起舞，有的小腿布满纹身、肩扛祭品。

　　平台正中间是一个微缩版跪坐背罍青铜人像，铜人像双手紧抓背带，将铜罍背在身后。神坛顶部有一只神兽和人像，人像已残缺，只能看到有力的腿部。神兽像是多种动物的混合体，躯干类似马，颈部戴着三根铜丝扭成的"项圈"。

　　考古专家认为，此次发现的青铜神坛，描述了当时祭祀活动中不同人员的角色和行为，还原再现了古蜀人祭祀的场景，对于研究祭祀活动如何进行、三星堆祭祀坑如何形成，提供了非常重要的信息。

　　考古人员发现，三星堆众多器物上展现的怪异动物形象，都能从上古神话《山海经》中找到原型，可以说，三星堆器物是上古神话形象的印证。

　　如 8 号坑出土的这件造型极富想象力的大型青铜立人神兽，上半部被灰烬层和少量象牙残段覆盖，嘴巴像喇叭，两只前脚着地，两只后脚悬空，头部有一个独角，独角之上还站立着一个青铜人像。

整件器物高 90 厘米、长 85 厘米，这是目前三星堆所见动物造型的青铜作品中最大的一件。目前，三星堆已发现多个同类型萌兽，堪称"萌宠家族"，它们反映了古蜀人想象中的神仙世界。

三星堆 8 号坑还发现了一件继 1986 年发现的身高 2.62 米的青铜大立人后的、第二大相对完整的立人像。人像通高大约 1.5 米，看上去很壮硕，梳着大背头，身着坎肩，穿了一条带流苏的短裙。

考古人员还在 8 号坑发现一件顶尊蛇身铜人像，这与 1986 年 2 号坑出土的青铜鸟脚人像残部拼对成功，专家将这件文物重新命名为"鸟足曲身顶尊神像"。在分离 3000 多年后，两者终于合体，现场见证两件文物"合璧"的专家无不惊叹。

"合璧"而成的这件鸟足曲身顶

8 号坑鸟足曲身顶尊神像

2 号坑出土的青铜鸟脚人像残部

尊神像，通体高超过 1.5 米，可分为上、中、下三部分。下部为一个立于方座之上的有盖圆罍；中部是一个双手撑罍的倒立人，人像有五绺立发、纵目，身穿对襟衣服，身体如蛇一样向后蜷曲上翻，脚呈鸟爪状，并抓握着一个向上延伸的鸟形装饰；上部为一件由人像顶着的高挑的瓠形尊，瓠形尊表面装饰有兽面纹和蕉叶纹。

专家认为，五绺立发的人像造型，与之前三星堆发现的辫发铜人像和髻发铜人像不同，它们可能代表着三星堆又一身份人群。这件合体成功的青铜器也预示，三星堆祭祀坑的许多器物有可能是"一家子"。

8号坑出土象牙300多根，是拥有象牙最多的"祭祀坑"。《山海经·海内南经》认为，成都平原本来就有犀牛、大象，并记载下雄奇的想象："西南有巴国，又有朱卷之国，有黑蛇，青首，食象。"说的是巴国有一条巨大的蛇，甚至可以吞下一头象。

考古人员推测，商周时期，四川盆地气候湿润温暖，土壤肥沃、林木茂盛且有大量湿地，这里很可能是亚洲象群重要栖息之地；三星堆出土的大量象牙，应该是本地大象的牙齿。

三星堆器物还在发掘、修复、研究中，整个过程就像在开盲盒，每次新出现的文物都前所未见，不断刷新着人们的认知，让人有一种猜到了开头却猜不到结尾的感觉。人们也在推测，有关三星堆和人类历史的很多未解之谜的猜想，

象牙

可能在新的考古发现后，会被推翻。这些奇特而珍贵文物的出现，也是中华文明多元一体的实证。无论谜底究竟如何，真相还需人们进一步去探索。

戴金面罩的青铜人头像

寻梦古蜀国都城

观三星闪耀，探中华文明。不管是1929年、1986年，还是2020年之后的考古发掘，每一次三星堆文明探秘，都带给世人无限震撼与无数猜想：大立人、黄金面具、青铜神树、神坛、扭头跪坐人像，以及数不清的玉器和象牙，这些器物有着怎样的谜团和故事？它们在古蜀人的生活中扮演着怎样的角色？

三星堆考古仅仅只是开始，三星堆文明的答案，还需人们不断去探索。我们相信总有一天，人们会揭开谜底，透过三星堆这颗璀璨的星星，去复原3000多年前的古蜀文明。

大鸟头

三星堆初现宝物

三星堆遗址，位于四川省广汉市西北部一个面积仅 12 平方千米的地方，被称为"20 世纪人类最伟大的考古发现之一"，它是古蜀文化的重要遗址，更是"长江文明之源"。

神秘人像、面具、玉琮、祭坛、权杖、神树……这些文物在地下沉睡了 3000 多年，记录着古蜀国不为人知的辉煌和璀璨的文明；自然，它们的每一次横空出世都备受世人关注。作为中华文化的重要证明，人们迫切想从中获得更多三星堆文明的线索，找回那段丢失的历史和记忆。

在数代考古人的不懈努力下，三星堆神秘古城已逐步完整呈现在人们面前——这是一个由大型城圈、公共墓地、居住址等一系列不同功能分区、不同等级出土文物构成的"三星堆王国"。它是祖先留给后人的宝贵财富；它的发现，将四川地区的文明史向前推进了 2000 多年，它的发现也证明了中华文化的延续性，更让中华长江中上游文化变得有迹可循。

当然，三星堆考古和探秘工作还在继续，我们也坚信在不久的将来，关于三星堆和古蜀文明的诸多未解之谜，终会被破解。

从 20 世纪 20 年代起，中外考古专家就开始对三星堆展开大量专题研究了。

早在 1929 年，三星堆初现宝物。一天，月亮湾农民燕道诚在清理自家门口水沟，无意间挖出一个玉石器坑，清点后发现有玉璧、玉琮、玉璋等各类玉石器 400 余件。1931 年春，在广汉县传教的英国传教士董笃宜听到这个消息后，找到当地驻军帮忙宣传保护和调查，并将收集到的玉石器交给华西协和大学博物馆保管。

1934 年春天，华西协和大学博物馆馆长葛维汉带着助理林名钧，由广汉县县长罗雨仓主持，来到燕家院子进行了为期 10 天的考古发掘，出土了一系列玉石器文物。这次发掘揭开了三星堆科学考古的序幕，它也是我国西南地区的首次科学考古。

随后，葛维汉整理出学术史上第一份三星堆遗址考古发掘报告——《汉州（广汉）发掘简报》。他在报告中推测，这些器物的年代上限为铜石并用时代的 4000 多年前，下限约为公元前 1100 年。沉睡数千年的古蜀三星堆文明向世人揭

历年考古发掘点 玉石器坑出土地

三星堆出土玉戚形璧

开了神秘面纱。

　　由于当时正处战乱时期，三星堆遗址的挖掘计划受到冲击而停止，不过这对文物来说，也起到了一定程度的保护作用。

▮三星堆古城猜想

中华人民共和国成立后，考古人员在三星堆遗址进行了多次调查和发掘。1980 年在遗迹回填时，工作人员预感到应该留下点什么，于是费尽周折协调来一架飞机，在高空中按下了快门，留下了一张珍贵的航拍照片。

照片出来后，人们注意到一个新的线索：照片中同一片区域出现的这些错落有致的痕迹，似乎是房屋的基址，且范围很大。人们由此做出大胆猜想：在三星堆的地下，应该不止有两个已经出土的埋藏坑，这里可能会发现一座完整的古城。再结合出土文物的数量和锻造工艺，人们推测，这个地方一定是一座发达的城市。

如何判断一个地方是否是一座城市呢？最主要且直接的依据就是看它是否有城墙存在。考古队在遗址周边的高土埂上开始尝试发掘，希望能够有所发现。四川方言中，三星堆的"堆"字本身就有"台""墩""堆积"的意思。或许，这正是时间留下的某种暗示。

1985 年春，当坚硬的夯筑土墙断面出现在考古队员面前时，三星堆古城的猜想终于得以证实。之后 10 余年内，考古人员在遗址的东、西、南面陆续发现各有一面城墙；古城北面没有城墙，而是利用鸭子河作了天然屏障。

三星堆遗址航拍时工作人员照片

沉睡的土堆

三星堆遗址航拍照片

考古挖掘现场

古城城墙

　　据推算，被城墙和鸭子河包围的范围总面积达 3.5 平方千米以上，近 3.6 平方千米，与中原郑州商代古城遗址相当。至此，一座与郑州商代古城面积相当的区域出现在这片土地上。

　　城墙只是确定古城身份的第一步，接下来，人们还需要找到不同的功能区。

　　在中国古代，城市建设布局往往有着严格的规划，如宫殿区、居住区、作坊区、墓葬区以及祭祀区等，各个功能区相对独立且遵照一定的规律进行布局。

　　考古专家从不同位置展开发掘，在遗址中部的房屋基址中发现了陶器和玉器，说

古城生活区还原

明曾经有人在这里生活过；在遗址东北方向出土了大量烧造过的土块和半成品陶器，说明这里是负责生产器具的手工作坊区。

在遗址范围内，考古专家共计发现文化遗存 30 多处，出土商代房基 40 余座、灰坑 100 多个、墓葬 29 座、陶窑 1 座，以及大量烧造过的土块、半成品陶器还有玉器。可见，这片区域被明显地划分成了祭祀区、手工作坊区和居民区。

虽然城墙的发现为"三星堆是一座古城"的猜想找到了证据，但在考古学界，判定它是否为城市的条件并不具备，因为人们还没有在这里找到宫殿区和墓葬区。

仁胜村公共墓地遗址　　　　　　　土墙下的尸体

◗三星堆城市布局

　　1998 年，即确定三星堆城墙的第 4 年，在三星堆古城西城墙外仁胜村一带 900 平方米的范围内，考古人员找到了 29 座墓葬。这是人们首次在三星堆遗址发现成片分布的公共墓地。

　　这些墓葬中绝大多数只有一具人骨架，且均为仰身直肢葬。墓葬坑分为两种，小型长方形竖穴土坑和狭长形竖穴土坑；其中 17 座墓葬出土有玉器、石器、陶器、象牙等随葬品。

　　墓葬区的发现让考古人员惊喜不已，人们根据已发现的功能区布局判断，宫殿区就分布在月亮湾一带。

这时，一个诡异的现象出现了——遗址中部的一段土墙下竟然又出现了一具人骨架。这里可是三星堆遗址中心偏北的位置，这样的黄金地段为什么会出现人骨架呢？

　　其实早在1951年，人们就在这里发现一段二三十米的人工夯筑土墙，不过当时人们对这段土墙的用途还不太能确定。现在，随着其他各个功能区逐渐明确，专家们判断，这段土墙应该正是宫殿区的城墙——月亮湾城墙。而这具人骨架埋藏的地方就在月亮湾城墙下，且仅此一具。专家推测，这具尸体很可能是当初建设宫殿城墙时的祭祀品。

三星堆城邑布局示意图

月亮湾城墙

青铜大立人

毫无疑问，人体祭祀以及人工夯筑的土墙，为宫殿区的存在提供了证明。

在三星堆遗址西北部的青关山大型人工土台上，考古人员还发现了宫殿级别的建筑群，结合周边发现的一大批商周时期遗址，考古人员确认，三星堆应当是古蜀国的都邑。

有关古蜀国的记载，历代文献上只有寥寥数笔。《蜀王本纪》中有着这样的记载："蜀之先称王者，有蚕丛、柏濩、鱼凫、开明。是时人萌，椎髻左衽。""椎髻左衽"指的是，梳着一种锥形发髻、衣襟左衽。

在三星堆出土的人像中，专家们发现青铜大立人像等青铜器全都"椎髻左衽"。它们的出土证实，三星堆遗址就是传说中的古蜀王国。

如今，我们可以清晰地看到一个面积达 3.6 平方千米的古城，除了已经发现的各大功能区之外，考古学家还发现古城中有完整的水系规划。

西城墙的水门、东城墙的水门，是连接城外和城内的水系的通道；城的北面是鸭子河作为天然屏障。城中间是马牧河，把城市分成南北两块，除此以外还有一道沟和城墙把它分成东西两块。整个城市就像一个田字格，由南北东西 4 城区组成。可见建城时，三星堆人就巧妙地借助自然水系和人工辅助水利系统，做了独特而超前的城市布局规划。

 ## "埋藏坑"猜想

随着一件件器物出土，众多疑惑涌上人们心头：这三星堆1、2号两个祭祀坑里为什么会聚集有这么多器物？它们在三星堆文化中扮演着怎样的角色？这些风格独特器物的主人是谁？为什么这些器物都有着明显人为砸坏且被火烧的痕迹？当年究竟发生了什么？

三星堆1、2号祭祀坑中器物丰富，考古人员只用了几个月的时间就发现、整理出土了包括象牙、玉石器、青铜器等在内共计900多件精美器物。

其中，诸如金杖、金箔等贵重器物，通常只有王族才会拥有，难道这里会是某位帝王的埋藏之地？看着这些完全有别于

金杖是王权的象征　埋藏坑中器物大都被砸坏且被火烧

中原地区形制、造型独特诡谲的青铜造型器物，人们对三星堆埋藏坑的年代、性质、形成原因等猜想不断，众说纷纭。

有人认为，这两个埋藏坑是墓葬坑。

考古人员在一个坑角发现了 3 立方米泛白的碎骨渣；奇怪的是，这两个不到 20 平方米的埋藏坑内既没有发现棺椁，也没有找到尸体。且不同于一般墓葬区大都选址在城郊，这两座埋藏坑却出现在城中。这个异常现象立刻引起了专家学者的注意，经检测发现，这些骨渣是动物残骸。因此，墓葬坑的猜测被否定了。

　　有人认为，这两个埋藏坑是盟誓坑。

　　如果是这样，这里一定能找到古人用以书写盟誓誓约、向
上天祷告并埋进土里让天地作证的器物。值得注意的是，盟誓
的器物不会像这两个埋藏坑里的器物一样这么庞杂，也不会一
股脑儿地埋进坑里去。这个推测同样靠不住。

　　有人认为这里是火葬坑。

　　三星堆确实有很多火烧的痕迹。不过，考古专家认为这里
若是墓葬，首先得有一个中心放棺木，里边应有人骨，且四周

埋藏坑中青铜大立人

三星堆祭祀

那么，到底是怎么回事呢？古蜀人为何会将大量珍宝重器成堆地埋入土里？

从古籍中，人们找到了答案。《周礼·春官》中这样记载："以槱燎（yǒu liáo）祀司中、司命、风师、雨师。"《礼记·祭法》曰："燔（fán）柴于泰坛，祭天也。"《礼记·郊特牲》中也有记载："天子适四方，先柴。"

随葬品的摆放也是有规律的，如青铜器、青铜石器与青铜酒器分放不同地方的，墓里一定还会有陶器。但是，这两个埋葬坑里的器物摆放却是杂乱无章的，几乎没有陶器。所以，火葬墓的猜测也不靠谱。

埋藏坑中器物堆放比较庞杂

燎祭

这 3 段文字，都描述了古人一种十分隆重的祭祀行为——燎祭。

古人相信，牺牲的气味可以随着烟气升到天上供天神享用，天神就会保佑王国和平富足。燎祭仪式就是将薪柴积聚在一起，放上动物牺牲，再把玉帛等物放在最上面，然后燃柴火烧。之后，人们会把祭器打碎放入坑内掩埋。如三星堆出土的青铜神树，是工作人员用八年时间修复成现在这个样子的。

在远古时期，城市的中心往往是祭祀的场所，其他功能区分布在周围。三星堆发现的这两座埋藏坑，位置正好就处于古城的中心区域。考古人员发现，这两个埋藏坑都朝着同一个方向，即对着蜀人的圣地——岷山；史书记载蜀人是从岷山走出来的。

两个埋葬坑的形制统一，都是长方形，且里面的器物都是从一个斜坡倾倒进坑内的。考古人员整理发现，一号坑里，玉器、象牙臼齿部分、青铜头像和小型玉石器分别堆积在不同地方；2 号坑是先把小型器物和一些打碎的器物，如神树树枝、零件、装饰品、挂饰先扔下去，再把玉器扔下去，然后是大件的铜器，如尊、面具、青铜头像，最后是大象的门齿。

　　根据已发现的种种证据，再结合文献记载，专家推测：1986 年发现的这两个埋藏坑，正是这个古老而神秘的文明，在举行完盛大的燎祭活动后留下的祭祀坑。而那些面貌奇特、前所未见的青铜器，或许就是为了一次盛大的祭祀活动而准备的礼器。

　　真相往往隐藏于细节之中，解开三星堆身世之谜的钥匙，或许就藏在那些出土的器物里。带着种种猜测，考古人员开始对这些精美的器物进行深入研究。

　　首先，考古人员需要确定这些器物的年代，再从器物年代来推断三星堆文化所属的时代。

　　从三星堆出土的典型石器和青铜器等器物，以及它们的风格和制造工艺，考古专家分析，祭祀坑大致是商末周初的遗存。通过对这些器物抽样做碳 14 测年也确定：这两个埋葬坑的时间为距今约 3000 年。

　　考古学家又根据陶片的形制、纹饰等和中原类似实物的比对，做出判断：三星堆遗址所处的年代为新石器时代晚期一直到春秋时期，且在殷商这段时期，三星堆古城应该是十分发达、先进的一个政治经济文化中心。

　　经过几代考古人的努力，人们从年代初步判断：三星堆文明形成于公元前 1600—前 1500 年之间，结束于公元前 1050 年前后，前后经历了大约 500 年，它的存在时间大致在商朝时期。由此，这座在地下沉睡了 3000 多年的神秘都邑终于重现世间。

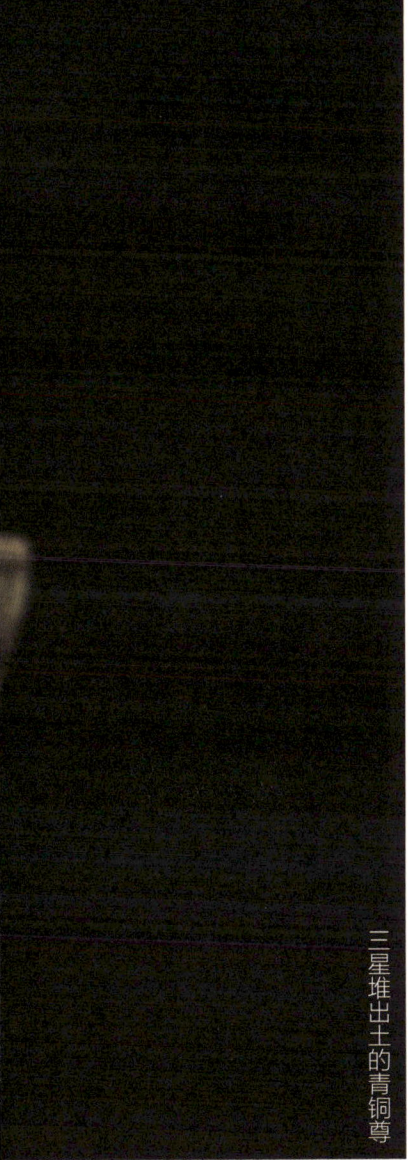

三星堆出土的青铜尊

三星堆出土的陶器

青铜眼形饰

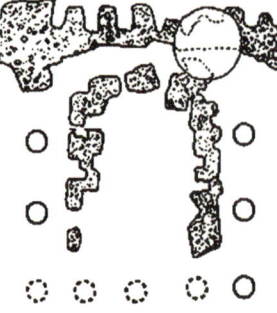

青关山1号建筑基址楼梯遗址

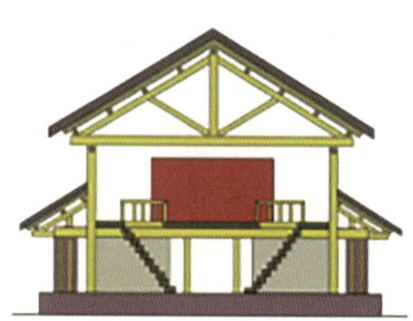

青关山1号建筑剖视图复原

青关山遗址考古发现

1986 年，三星堆 2 号坑出土眼形器 71 件，其中包括四分、二分及整体形态。眼形器的四角均有小孔，表明这些眼形器在当时是组装在某些建筑物上使用的。种种迹象表明，三星堆古城曾有一座庞大的宗庙，也是巫师举行重大祭祀仪式的场所。

这个推断在 2013 年得到证实，新发现的青关山建筑基址群，向后人展示了古蜀国恢宏的建筑与隐秘的祭祀。

青关山台地位于三星堆遗址西北部的高地上，整个台地均由人工夯筑而成，这里是整个三星堆城址的最高处。整个台地现存面积为 1.6 万平方米，其第二级台地现存约 8000 平方米，在这个台地上考古人员发现一座面积逾 1000 平方米的红烧土建筑基址，整体为长方形，呈西北—东南走向，其与三星堆城地及 1、2 号祭祀坑的方向一致。

从建筑形制、地层叠压关系判断，青关山建筑基址是迄今为止发现的三星堆建筑面积最大的单体建筑单位，它也应该是三星堆最高等级的建筑。

就拿发现的第一座大型建筑来说，考古人员在南、北、西墙墙基内外分别发现有一排共约 200 个密集排列的"檐柱"遗迹；根据残存的柱洞分析，这处建筑由 6 ~ 8 间房屋组成，沿中间廊道对称分布。建筑基址内部，有 4 个平面呈 U 形的夯土墙槽。

从其位置、数量、跨度和平面结构不难看出，这座建筑是上下两层的楼房，底层建筑内部有两组共四个楼梯，上层则很可能是通透的大空间。

考古人员在 2013—2015 连续几年的考古勘探中，又相继发现另外两个大型建筑基址；而在建筑基址下，考古人员发现还普遍存在着 3~4 层红烧土堆积，土层下又分别叠压着夯土台基；且在土台下还有多处破碎的玉璧、石璧、象牙，它们很有可能是奠基时埋下的。

从青关山建筑结构、体量、奠基使用的玉璧、象牙等综合分析后，专家推断，青关山土台存在着三星堆城址各个时期的最高等级建筑，它很有可能是古蜀国举行重大典礼的礼仪建筑或三星堆王国的宫殿区所在地。

也因此考古学家认为，青关山遗址的发现丰富了三星堆城邑文化的内涵，是继三星堆 1、2 号祭祀坑之后的最大考古发现。

不过，关于青关山这些大型房屋基址，究竟是三星堆最高统治者的宫殿，还是祭祀神殿，抑或有其他的用途，人们还没有定论，还有很多疑惑留待考古人员去解答。或许弄清楚青关山基址的最终功能，人们就能更好理清古三星堆人群的阶层分化和等级体系了。

三星堆青铜兽首冠人像

青关山建筑为上下两层

青关山遗址

青铜人面具充满神秘美感

6 个祭祀坑的发现

2019 年，考古人员在 1、2 号祭祀坑附近勘探过程中，一举发现了 6 座祭祀坑，目前，6 个新坑的挖掘工作还在进行中，很多埋藏物还未提取出来。

值得注意的是，这 6 个新坑出土的器物与 1、2 号坑种类相同，且在掩埋前都受到过不同程度的损坏；只是 6 个坑大小各有不同，文物也有所侧重，有的象牙多一些，有的大件青铜器多一些。

这次新坑的发掘过程，更多运用了现代科技手段，如：建设考古发掘舱，舱内恒温恒湿的环境为出土文物提供了最佳保护；发掘全程有拍照、摄像跟踪记录下来，并能随时联系专家进行在线文物会诊；将文物分析、修护、应急抢救等实验室设在现场，确保及时提取和保护文物，避免文物出土后长时间暴露而遭破坏。

考古人员在这次发掘中找到了三星堆人在 3000 多年前使用丝绸的实证,也基本判定祭祀坑所在区域正是三星堆祭祀区，这里的遗存都与祭祀活动有关；三星堆祭祀坑所处年代在距今 4000~3200 年之间。不同的是，6 个祭祀坑具体埋藏时间不尽相同，这也就推翻了人们之前关于"三星堆亡国灭器"的猜想。

三星堆考古发掘和研究工作还在继续，人们正在一步步接近 3000 多年前的历史真相。

青铜鸟

三星堆文明
二　源远流长

　　三星堆，一个古老而奇幻的文明。神秘的面具、高高的祭坛……这些精美而诡谲的器物记录着 3000 多年前不为人知的故事和文明。如今的我们凝视这些记录者，无数谜团萦绕心头：到底是什么人创造了这个独特的文明？寓意如何？这些器物有什么作用？

三星堆文明探源

　　重现天日的三星堆呈现在世人面前，因与中国主流文化不尽相同，即便放眼全球，也是独树一帜的。人们不禁好奇：三星堆到底是什么来头？究竟是怎样一种·文明，才能创造出如此奇异的物品？

　　传闻，外星人曾光顾过神秘的北纬30度线，而这条线贯穿的地区，涵盖了古埃及、古巴比伦、玛雅文明等著名世界历史遗迹；三星堆遗址同样也在北纬30度线附近，它与埃及壁画相同的太阳轮、与埃及法老王类似的金面具，还有那棵充满魔幻色彩的青铜神树、极度夸张突出的纵目面具，都让人们将三星堆推向魔幻神坛，认为它是外星遗迹。

　　天马行空的想象固然浪漫，但地外文明和时空穿梭只属于科幻小说，三星堆的的确确是一个真实存在过的文明。

2019 年末至 2022 年三星堆 6 个祭祀坑的陆续发掘，一再刷新人们对三星堆文化认知，也更加坚定了人们对三星堆文化源起的判定：如 3 号坑出土的圆口方尊，是三星堆首次发现的商代圆口方尊，它是三星堆青铜受中原文化影响下的地域风格产物的实证；再如镶嵌绿松石青铜牌饰、牙璋等，都带有二里头文化的特定风格特点，并在此基础上融合创新的结果。

戴金面罩的青铜人头像

青铜鸟

　　"问渠那得清如许？为有源头活水来。"三星堆文化，并非空穴来风，而是背靠中原优秀传统文化，不断融合创新的结果。

　　至于这些夸张的器物造型，专家表示，它们其实都是以当时的生活基础为蓝本，再用夸张的艺术手法将其宗教化、神化所致。如，我们看到的青铜人面像，基本都是小方脸。有专家分析，这是四川人的典型长相；至于青铜人面像的鼻子、眼睛夸张的大和凸出，推测与当时人们的信仰崇拜有关。

　　还有人说，三星堆出土的器物来自中原地区，是蜀国抓了中原的俘虏，并把缴获的器物烧毁、埋藏。

　　专家认为这个说法是不成立的。青铜期不仅限于商王朝及其属国独有，长江流域很多地方都有发现。且在考古学者看来，四川广汉祭祀坑里的青铜器与殷商王朝的青铜不完全一样，而是有着独属于自己的本地特质。

　　例如，三星堆出土了大量青铜鸟型器物，从器体器型、纹饰铸造工艺上看，都跟中原地区的青铜器物有着明显区别——三星堆花纹十分独特，器体也稍薄一点。这一点足以说明，三星堆器物应该是三星堆人自己创造出来的。

　　数千年前，各种自然现象在古人眼中，都是神明的旨意。他们在自然灾难来临时倍感人力的渺小，畏惧并同时崇拜自然的力量，从而会举行各种祭祀活动，祈求得到神灵的庇护。三星堆 8 个豪华祭祀坑，就记录着 3000 多年前盛世空前的燎祭活动。

　　那么，三星堆人举行祭祀活动所需要的青铜材料来自哪里呢？专家推测，三星堆附近一定有着丰富的铜矿矿藏。据文献记载，四川很多地方出产铜。如三星堆遗址西部就是龙门山脉，那里曾经不仅产铜，还出产龙溪玉、舌纹矿等。

　　冶炼铜还需要充足的水源。三星堆水源充足，它的附近就

龙门山脉矿藏丰富

铜矿

是鸭子河及其支流马牧河，鸭子河就发源于龙门山脉，流经彭州、什邡、广汉……那么在彭州挖矿并顺河而下送达三星堆完全是可能的，所以在三星堆发现大量精美的青铜器物就不足为奇了。

考古人员有理由确信：三星堆文化，是一个兼收外来文化但又有着自身极具地方色彩的复合型文化。考古发现结果显示，三星堆文化年代相当于中原地区的夏商王朝时期，这也难怪人们会在三星堆看到诸多夏商王朝的发明了：诸如青铜尊、青铜罍之类的青铜礼器，以及玉璋、玉琮等玉礼器，这些中原地区发明的礼仪用具，三星堆出土了很多。而三星堆出土的青铜神树、人像、大面具等，又有着非常鲜明的自有特色，这也表明三星堆在信仰方面与中原王朝有所不同。

古蜀国王蚕丛与纵目面具

　　三星堆以惊人的面貌向世人展示着当时空前繁盛的文明，遗憾的是，迄今为止除了众多难以破解的符号外，考古者没能在三星堆文化中找到任何文字记载，这也导致三星堆文明变得更加扑朔迷离。

不过，数代考古人一直在努力，循着蛛丝马迹试图找到破解这些器物和遗迹背后的文明密码。

从殷墟出土的甲骨文中，考古学家们找到了一些线索，这些甲骨文中频繁出现了一个"蜀"字。据考证，甲骨文的"蜀"字有20多种写法，但无论哪一种，上方都有一个大大的"目"字，像是个大眼睛。

"蜀"字本义是指蛾蝶类的幼虫，即野蚕。而甲骨文是古老的象形文字，再看甲骨文中的"蜀"字，上部表示幼虫眼睛突出的头部，下部是其盘曲的身子，是很形象的。

从殷墟甲骨文中人们还发现，"蜀"字指向南方一个名为"蜀"的古国——一个有着独特眼睛的部族。

由此，人们很快就会联想到三星堆出土的那些眼睛凸出的青铜人头像，以及那件1986年出土的著名器物——大型纵目面具。

这件青铜器是三星堆出土器物中最奇特的，宽大的嘴巴、外凸的双眼、高耸的鼻梁还有飞鸟翅膀一般的耳朵。这些夸张的五官难道就是临摹当时古蜀国人的形象？

"蜀"字演化

　　古籍《华阳国志》中有这样一段文字："蜀侯蚕丛，其目纵，始称王。"这是迄今为止人们找到的有关"纵目"的唯一一段文字。"纵目"即眼睛往外凸出来，"蚕丛"即指蚕丛氏，蜀人的先王。

　　据悉，古蜀国最早的先王是蜀山、蚕丛、柏濩、鱼凫，而后是望帝杜宇、鳖灵，或说是蒲泽，其后是开明。那么，这些高鼻凸目的青铜人像，很可能就是蚕丛氏的代表。

　　相传，蚕丛部落世代居住在岷山一带，依山凿洞而居，条件十分艰苦。一天，蚕丛巡行郊野，纵目远眺发现了幅员辽阔、沃野千里的成都平原，于是带领氏族历经千辛万苦，最终迁徙到了成都平原。后来，蚕丛驯养了野蚕，还发明了用蚕丝制作衣服。作为蜀人的先祖，蚕丛以农桑兴邦，开蜀地百代鸿业，奠定了"天府之国"的基础。

　　有个成语叫"蜀犬吠日"，说的是远古蜀国湿气过重、雨雾蔽日、古木参天，平时难得见到太阳，哪天天气好太阳露出脸来，地上的狗见到感到奇怪，对着天空狂吠不停。可见，在这种情况下古蜀先民有多么渴望拥有一双犀利的眼睛，能够像先祖蚕丛一样穿越迷雾，看得很远很远。

　　或许，这件纵目面具正是当时古蜀人想象与现实的完美结合，也是古蜀人对先祖蚕丛怀念与崇敬之情的最好表达，这才有了我们所见到的这尊眼球极度夸张外凸的神秘面具。

纵目面具

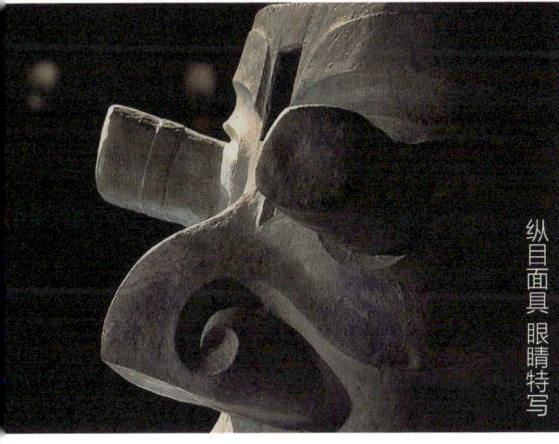

纵目面具 眼睛特写

纵目面具 特写

青铜神树

古蜀国王鱼凫与青铜神鸟

　　《蜀道难》是中国唐代大诗人李白的代表作品，开篇即是"噫吁嚱，危乎高哉！蜀道之难，难于上青天！蚕丛及鱼凫，开国何茫然！"如果说，青铜纵目面具是蚕丛王的象征，那么鱼凫王的形象又是什么呢？

　　那就不得不提 2 号祭祀坑的 8 棵青铜神树了，其中修复完

青铜神树（局部）

成后高达 395 厘米的一号神树是目前已发现的青铜器中最大的单件。一号神树的基座为圆形底盘，上用三叉支架交汇形成一个山形树座；神树树干部分由笔直的树身和下垂的树枝组成；树顶已经残断，据推测上面立有一只神鸟，神树总高度在 5 米左右。

树干上有三层树枝，全树共 9 根树枝，树枝上伸展的枝干上立着 9 只展翅欲飞的青铜鸟；加上树顶的一只神鸟，应共有 10 只神鸟。

文献资料显示，古人将鸟作为金乌（即太阳）的象征。有学者认为三星堆出土的青铜神树即神话传说中的扶桑树，能连接天地、沟通人神。远古传说天上有 10 日，而扶桑树是太阳神鸟升起和栖息的场所；每天早上会有一只太阳神鸟从扶桑树上升起，余下 9 个太阳神鸟则在树上栖息。

青铜器上有鸟形装饰

　　除青铜神树上的青铜鸟外，三星堆祭祀坑还出土了很多鸟形象器物，如巨大的铜鸟头、铜立鸟，以及尊、罍、神坛、铜像、陶器上的鸟形装饰，甚至金杖上的鸟射鱼标志等，可见，鸟形器数量之多，造型之复杂多样，由此可以证明三星堆鸟图腾崇拜的存在。

　　殷商人盛行鸟图腾崇拜。"天命玄鸟，降而生商。""玄鸟"是被赋予神圣"天命"使命的鸟。有人认为玄鸟即凤凰。

而用鸟来装饰尊、罍等重器，会为器物增添神圣感。

江浙良渚文化和中原龙山文化均出土有带鸟纹的玉琮，而金杖上刻鸟纹则是三星堆独有，故有专家认为，殷商文化是经由长江流域通道，溯流而上传入古蜀地区的。

不过在三星堆文化中，鸟的作用更为突出，常常与礼器共同出现，这可能与古蜀人对天神的崇拜有关。

巴蜀四周皆高山，加之多云雾，在古蜀人看来，能够通天的神灵就是能在天空自由飞翔的鸟和能在天地间挺立的大树。三星堆出土的鸟形器物就是古蜀人天命崇拜的证物，是天神的化身。

在古蜀先民看来，大自然充满太多神秘和未知，远超出他们的理解和力量掌控，对于无法证明、掌握的事物，人类往往将其归于神奇力量的主宰，相信有神灵存在并崇拜它们。

鸬鹚捕鱼

　　专家认为，鸟崇拜实际上就是人们对自然力的崇拜，是原始宗教的最初形态。人们在祭祀过程中通过刻有鸟形的器物，去尝试与天地沟通；献出鸟形器物就是古人与大自然的沟通和自我掌控的尝试。由此可见，鸟是中国古人宇宙观与观天行为很好的象征。

　　也有人认为，鸟除了是太阳的象征，还跟当地的传说有关。

　　鸭子河与三星堆遗址咫尺之遥，每到夏季河水丰沛的时候，当地的渔民都会聚集到鸭子河畔。他们至今仍采用一种古老而特殊的方式——饲养鸬鹚来捕鱼。鸬鹚全身乌黑，长着长

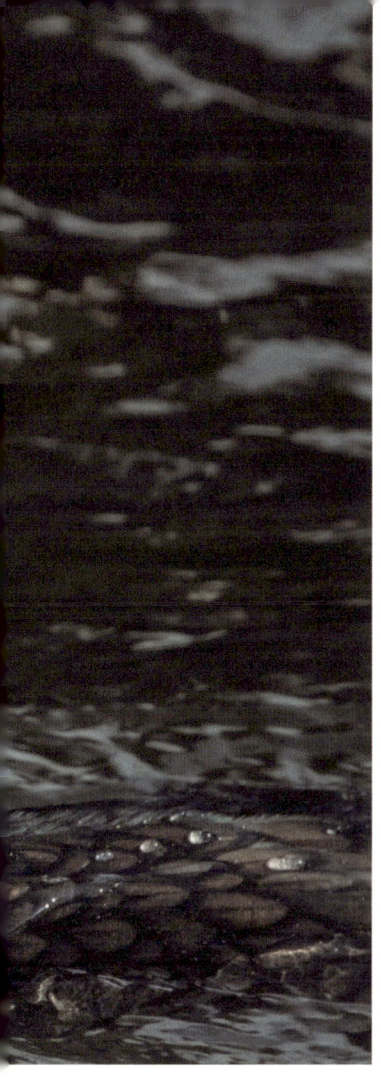

而带锐钩的喙，身形矫健，当地人称之为鱼老鸹。

人们发现，三星堆遗址出土的青铜鸟形象跟鸬鹚形似，两者是否有关联？

在三星堆 1 号祭祀坑出土的金杖上，人们也有新发现：金杖上有 3 组共长约 46 厘米的图案，一组是两个并列的人头像，另外两组图案相同，上下方都是两背相对的鸟与鱼，在鸟的颈部和鱼的头部叠压着一支箭翎。

有专家认为，鱼鸟图案，与古蜀国第三代君王——鱼凫王有密切关系，它们是古蜀鱼凫王的图腾。相传，鱼凫是来自岷江流域的部族，他们早期在岷江流域渔猎而生，后来迁徙到成都平原内部河流进行捕捞，并最终建立起繁盛的三星堆古城。

青铜鸟可能是仿造鸬鹚而做

三星堆是多元文化碰撞的结果

　　三星堆文化是多元而独特的，有着非常鲜明的地域特点；三星堆文化并非空穴来风，有着自己的本土传承，它传承自新石器时代的宝墩文化和更早的桂圆桥文化。

　　总体而言，成都平原经历了桂圆桥文化、桂圆桥二期、宝墩文化、三星堆文化、十二桥文化这样几个大的考古学文化发展阶段。其中，三星堆文化的代表性遗址就是三星堆遗址，十二桥文化则是金沙遗址。从时间对应上看，宝墩文化对应的是中原的龙山文化时期，三星堆文化对应的时期是中原的夏商时期。

成都平原

　　宝墩文化遗址是考古界对成都平原龙山时期古聚落群的统
称，囊括有郫县古城、温江鱼凫城、都江堰芒城等 7 座古城在
内，它们是长江上游地区时代最早、面积最大的史前城址，也
是成都平原上已发现的人类第一次大规模定居生活的地点，距
今 4500 ~ 3700 年。

　　碳 14 测年显示，宝墩文化的下线正好与三星堆文化一期
的年代相吻合，其代表器物在三星堆文化一期中被大量发现，
两种文化之间一脉相承的关系显而易见。

　　研究者认为，从新石器时代中晚期开始，中华大地上各个
区域之间的文化就开始广泛交流了，这或许就是三星堆独具一
格文明形成的真正原因。

不难发现，三星堆遗址新发现的 6 个祭祀坑，其出土的铜牌饰、柳叶形剑、青铜尊、镶绿松石、铜虎、石戈、牙璋、有领玉璧、陶器等，与中原地区的礼器文化有着明显的相似性。

比如，在距今 3800 ~ 3500 年的河南洛阳偃师二里头遗址就出土了多件铜牌饰。可以说，铜牌饰是中原文化的一个代表，这说明，三星堆与中原文化之间是有文化交流和互动的。

考古学家还发现，三星堆出土的铜虎上采用的绿松石镶嵌工艺，在中原地区的夏商王朝早就存在，不仅如此，湖北、江西等各地遗址都有发现。

三星堆出土的铜铃，在中原地区更是十分常见。如在距今约 4000 年前的山西襄汾陶寺遗址，就出土过一例迄今为止中国考古发现最早的红铜铸就铜铃，开启了中国别开生面的青铜器铸造之路；因发掘出土甲骨文而闻名于世的河南安阳殷墟，也出土了大量铜铃。

铜铃堪称中国最早的青铜器标志性器物，它还承担了乐器、祭祀等多种功能。而铜铃在三星堆的发现和出土，也暗示着三星堆文化与中原文化的联系，甚至是对中原礼乐文明的认同与接纳。

三星堆青铜铜铃

三星堆出土的牙璋

　　至于三星堆出土的柳叶形剑，虽然在中原地区并未发现，但考古专家却在云南甚至更南边的越南等地有所发现，这说明三星堆文化跟西南边也是有所交流的。

　　古蜀人祭祀的时候，有一个动作叫执牙璋。牙璋几乎是三星堆文化的一个鲜明特色。

　　考古人员发现，牙璋起源于夏朝，到夏晚期，牙璋在中原地区已普及。且牙璋分布和使用范围十分广，不仅中原范围有，而且在越南、中国香港等地也有。2007 年，考古人员在越南义立遗址发掘出土了玉石质地的牙璋。义立遗址属于冯原遗址，距今有 3000 多年，且这里出土的牙璋与中国三星堆出土的牙璋极为相似。

　　专家推测，现在的越南北部周围与三星堆在几千年前就在交通、贸易、文化方面有着交流互动；牙璋应该是先从中原传播到三星堆，被古蜀人接受并大量使用后，再由古蜀国人做桥梁，经由南方丝绸之路传播到越南，经由长江中下游传播到香港等地。

　　青铜尊是一种酒器，在中原地区早就大量发现。如安徽阜南出土的青铜龙虎尊，在三星堆 1 号坑也出土过一件器型类似的，只不过当时就破碎了；后来，考古人员在 2、3 号祭祀坑等都找到过很多铜尊。

　　以上种种发现表明，三星堆虽然是一个独特的文明，但它并不是封闭的，它一直与中原地区和其他地区的文明有着密切的交流和联系。

三星堆秘密 🔍

三星堆铸造技术
炉火纯青

　　当然，这种交流不仅限于文化方面，还有技术、制度的交流。如三星堆龙虎尊就是用块范法铸造的，这是商周时期中原地区应用最广的青铜器铸造法。

　　块范法的大致步骤是这样的：先制作一个模型，即模或母范；再用泥土敷在模型外面，脱出来的外廓就是范，通常人们会将范分割成数块，以便从模上脱下；同时也要制作一个体积与容器内腔相当的范，通常称为芯或内范；然后就是把内外范套合在一起，中间的空隙就是型腔；将熔化的铜水注入空隙内，等到铜水冷却后，除去内外范即得到想要做的器物了。

　　考古专家对比中原地区和三星堆的纹饰表现方式，发现它们有着相同的铸造方式和纹饰背景，

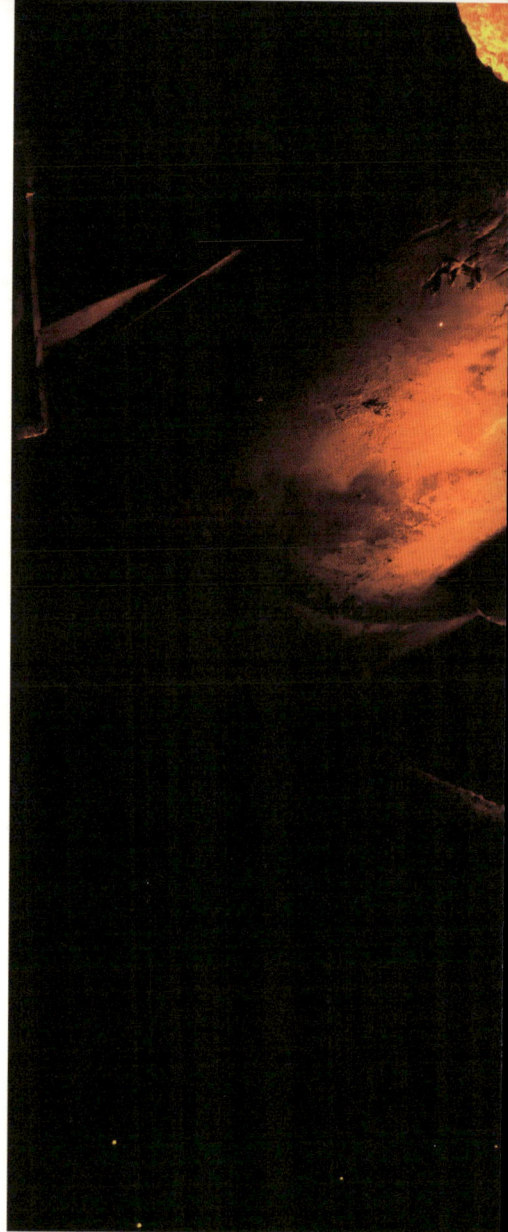

三星堆青铜尊上的纹饰

铜矿炼制成铜水

如与商周时期相同的云雷纹、相同的龙纹位置，以及龙纹中间的老虎、老虎下同样有一个人顶着等。

　　除了与中原文化相同的设计元素外，古蜀人在铸造器物时，也融入了自己独特的文化和创意。仔细观察，你会发现三星堆出土的青铜尊的肩部，特别是范缝的位置经常会有一只鸟，这在中原是没有的。

青铜神树铸造工艺精湛

青铜神树（局部）

青铜神树套接严密

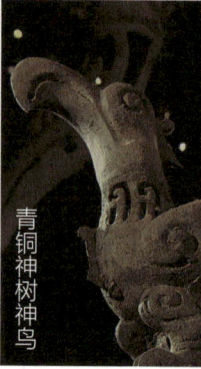

青铜神树神鸟

不仅限于此，真正的变化是三星堆人对器物的使用方式上。如中原地区的尊、罍里装的是酒，而三星堆 1 号祭祀坑出土的龙虎尊，里头装的则是海贝、玉石器残片、铜箔饰件等"宝贝"。

可见，同样是祭祀用品，两者用途不尽相同：中原地区的尊是敬献去世的祖先的；三星堆出土的尊是用来敬献上天的。

三星堆出土的青铜器除了造型奇绝、纹饰精美，铸造技术也炉火纯青。比如，三星堆出土的青铜神树，其铸造工艺堪称同时期青铜铸造的巅峰，整件器物在铸造过程中采取了嵌铸、铆铸、焊铸等多种复杂工艺。

不论是盘根错节的果枝树叶，还是挺立在枝头上的神鸟、蜿蜒在树干上的长龙，青铜神树上每一处细节都彰显了三星堆人精湛的青铜铸造工艺和融会贯通的高超本领。尤其是树干和树枝间筒接套铸工艺的使用，虽已历经数千年，套接部位依然严丝合缝，难以抽脱，堪称绝技。

古蜀人在制作三星堆器物过程中，吸收、学习中原文化的同时，也融入了自己的文化，逐渐形成了一个新的文化，这正是中华民族智慧的结晶和不同地域间文化碰撞、融合的结果。

云南束河茶马古道博物馆

古蜀王国与南方丝绸之路

　　三星堆器物中有大量来自海洋的贝壳，出土时依然晶莹剔透、光鲜亮泽。人们不禁疑惑，这些属于沿海和热带地区的贝壳，怎么会出现在四川这个远离海洋、被崇山包围的地方？

　　近年来，考古和史学界对南方丝绸之路的研究表明，蜀地虽然与中原"不通人烟"，但借助流经四川的几大水系，它与西亚、云南及其周边是可以顺利联通的。

　　而早在数千年前，贝壳就是作为货币使用的。海贝在三星堆大量出现，足以反映当年三星堆贸易活动的繁盛。这似乎也印证一个推测——三星堆是一个建立在贸易基础上的城邦；早在 3000 多年前，古蜀王国就已经与遥远的西亚、中东地区有着对话和交流。

考古专家在三星堆中找到了一种来自印度洋的海贝就是明证。同时在 5000 千米之外的两河流域，人们也在出土的众多金器中，发现与三星堆金器风格高度相似的器物。

种种迹象表明，在东、西丝绸之路出现之前，西南地区早已有了一条商贸之路，这就是南方丝绸之路，它从成都平原出发，经过云南，最终到达印度、缅甸和两河流域文明地区。

数千年前，在这片神奇的土地上，三星堆人积极吸纳、学习周边同时期的文明，博采众长、兼收并蓄，一步步创造出自己独有的灿烂文明和繁盛国度，成为历史长河中独特而耀眼的存在。

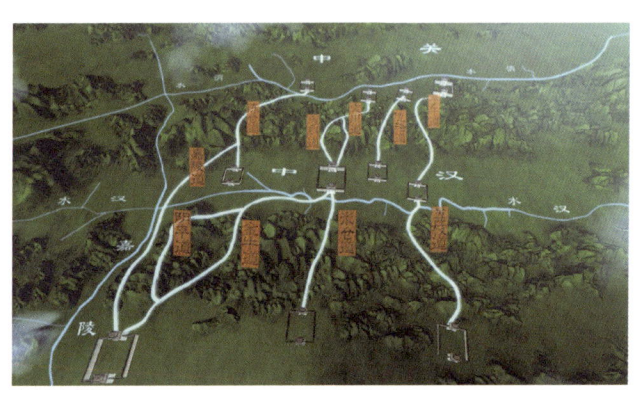

南方丝绸之路路线图

太阳轮

三星堆消亡迷雾重重

　　从20世纪20年代三星堆被世人得知至今，三星堆发掘、研究工作已经持续了90多年，未来很长一段时间还将继续。我们不难看出，3000多年前古蜀文化是多么璀璨繁盛。但是，这个璀璨的文明却在距今2800年左右神秘消失了，这很不合常理。究竟发生了什么，导致三星堆文明突然消失不见？又是什么原因让无数瑰宝在地下沉睡数千年？

青铜人头像

✪三星堆沉睡数千年猜想

1986 年 7 月，三星堆附近砖厂的工人在挖土时发现玉刀，一直驻守在三星堆考古现场的四川省文物考古研究院紧急展开了保护性挖掘工作。让人惊喜的是，在距离 1 号祭祀坑几步之遥的地方，2 号祭祀坑也被发现，由此打开了一座在地下沉睡了数千年的地下宝库，出土了金杖、青铜神树、太阳轮形器、青铜人头像、青铜面具、青铜尊、象牙、玉器等一系列文物。

这之后的 30 多年，学界对三星堆文化的研究并未停止。进入 21 世纪以来，四川省考古院相继在三星堆遗址发现了大型城址、高等建筑等，再次向世人揭示，3000 多年前三星堆古蜀国有多么繁盛。

近两年来，三星堆遗址 6 个新祭祀坑持续上新，直接引爆全国人民的考古热情。人们被三星堆出人意料的新奇文物牢牢吸引，对其独特的文化气质、炉火纯青的创造技艺赞不绝口，更是对它突然消失之谜津津乐道。

然而，就好像故事进入到高潮突然中断一样，始于新石器晚期的三星堆文明，在进入鼎盛时期后突然在距今约 2800 年寻不到踪迹、戛然而止了。

  随着大量神秘器物的出土，历史再一次衔接上，但是中间却出现了 2000 多年的空白。唯有留下的这些沉睡了数千年的文化遗存，向世人诉说三星堆古蜀文明曾经真实存在并辉煌过。

  毫无疑问，人们高悬的热情无法得到疏解，自然由此产生无尽的猜测和争论：三星堆究竟发生了什么？是什么导致它突然消失不见的？

  学界对三星堆文明消失的谜团也一直争论不休，苦于缺乏足够的历史证据，未能给出比较明确的答案。关于那段神秘消失的文明，它最终走向了哪里，我们一起来寻踪。

猜想一：地震灾害

广汉市位于四川成都平原的东北部，同时也处在四川最为活跃的地震带——龙门山地震带的边缘。据记载，自公元1169年以来，绵延百里的龙门山地震带共发生破坏性地震26次，其中里氏6级以上地震20次。

2008年汶川大地震是一次巨大的灾难，这次灾难给考古工作带来了巨大的损失。三星堆考古工作站正在修复的几件陶器在地震中再次变为碎片；大批等待修复研究的陶片，被匆匆转移。三星堆古城的消亡，会是一场严重地震的结果吗？

不过迄今为止，在所有三星堆遗址的发掘中，考古工作人员都没能在文化层找到由地震引发的断裂带，即3000年前三星堆古城所在地区并没有遭受重大地震的破坏，这就排除了三星堆古城因地震消亡的猜测了。

135

猜想二：洪水侵袭

　　湍急的马牧河从三星堆古城穿城而过，它的两岸至今还种植着大片稻田；三星堆北岸的鸭子河水量丰沛，是三星堆古城北的天然屏障。

　　因三星堆古城依水而建，有专家推测，水能载舟亦能覆舟，三星堆文明可能是因水而亡。

　　距今 4000 多年前的印度河流域，有一个高度发达的文明——哈拉巴文明。考古人员在哈拉巴遗址和出土文物上发现有洪水明显的侵袭后留下的痕迹，由此推测哈拉法古城消亡是洪水所致。

　　三星堆古城与印度哈拉巴遗址的时间以及地理条件十分相似，它的消亡会不会也是洪水造成的呢？

洪水侵袭村庄

据《蜀王本纪》《华阳国志》等历史文献记载，杜宇王朝时期三星堆发生过严重洪水。结合鳖灵治水的传说，一些学者认为三星堆文明的突然消亡，与洪水及其带来的动乱有关。

这在1986年的考古发掘过程中似乎得到证实，考古人员在三星堆文化层发现了富水淤积层。但是有专家提出反对意见，因为考古人员发现的富水淤积层面积并不是覆盖整个遗址区的；这些专家倾向于认为，所发现的洪积层可能是偶然的一次洪水所致或仅仅是某片水塘的痕迹而已。

另外，考古人员在三星堆遗址的上下游并未发现有马牧河改道的迹象，这也说明，即使三星堆曾发生过水灾，但水灾对三星堆都城的影响并未达到足以迁都的地步。

猜想三：外敌入侵

从三星堆祭祀坑出土的文物可以看出，它们大部分都有火烧和砸毁的痕迹，之后再被人们丢弃进坑中埋葬。难道是外敌入侵导致人们仓促间将礼器破坏掩埋？或是外来部族俘虏了三星堆人并毁掉了他们曾经的文明？

不过，在当时的蜀地及周边，古蜀国并没有如此强大的对手；唯有可能同他们势均力敌并成为敌手的，只能是中原部族了。

而学界专家并没能在相关的中原典籍中找到中原军队入侵三星堆的记录。另，三星堆遗址的考古工作已经进行了近百年，但是人们一直未能在遗址中发掘出一件当时的兵器，有的只是玉斧、玉戈之类的礼器。

剑门关形成一道天然屏障

三星堆出土的玉戈

三星堆出土的玉璋

　　还有专家分析，有一个客观条件限制了中原军队对蜀地的进攻。唐代大诗人李白生活在中国历史上一个极其繁盛的时代，他对蜀地也不免发出这样的感叹："蜀道难，难于上青天。"这片被高山和河谷环绕的盆地，虽然被誉为"天府之国"，但其通向中原腹地的道路异常崎岖、难以通行。天险蜀道雄关剑门，宛若一道天然屏障将中原与蜀地分割开来，大有"一夫当关，万夫莫开"之势。

　　因此，关于外敌入侵导致古蜀国消亡的推测，并不成立。

三星堆出土的温酒器——陶盉

猜想四：政权更替

既然没有外族入侵的理由，也没有重大自然灾害发生遗留下来的证据，那么繁华的三星堆古城究竟为何遭遗弃？

多数史学专家倾向于认为：过度内耗及政权更替，才是导致古蜀三星堆加速衰败、三星堆人迁移的真正原因。

在三星堆文明的研究过程中，考古人员一直在寻找古蜀国口粮的痕迹，幸运的是，他们找到了古蜀人的主要粮食——粟和稻谷的炭化颗粒。

从三星堆遗址出土的陶器、酒器以及饮食器也能看出，当时古蜀国的农业是比较发达的。尤其酿酒需要消耗大量粮食，若没有充足的粮食，人们是没有办法酿酒的，这也说明当时的粮食很丰足。

结合《蜀王本纪》《华阳国志》的记载和那些流传在蜀地的传说，专家做出一个大胆的猜想：

大约在 4000 年前，一个叫杜宇的古蜀人曾经流亡到云南，云南恰好是中国古代水稻种植地之一。后来，杜宇带领族人从云南东北一带沿岷江河谷北上回到四川，和当时蜀地强大的部落之一梁部落联姻，最终征服了蜀地，成了古蜀国继蚕丛、柏濩、鱼凫之后的第四代蜀王。

蜀王杜宇将从云南学到的水稻种植技术带回到蜀地，并教会蜀人种植水稻。耕种改变了人们依赖渔猎为生的生活方式，丰足的粮食使三星堆古蜀国成为富饶强大的国家。

　　然而 4000 年前，全球气候变化、季风带大规模移动，改变了地球上的许多地方。现今举世闻名的撒哈拉大沙漠就是在那个时期遭遇空前干旱形成的；而四川地区却就像天空被捅破了一样，持续不断的大雨漏下来，"西蜀天漏"的谚语也许就是从那个时候发端的。

　　杜宇的王国岌岌可危。这时，善于治水的丞相鳖灵带人疏通河道，最终化解了亡国的危机。鳖灵得到了人们的信任和拥戴，威望渐渐超越了杜宇。杜宇决定模仿上古先贤，将王位禅让给治水有功的鳖灵。

　　一个是教会人们种植水稻、使国家富足的王，一个是治水有功、救国于危难的新王，人们为自己拥有这样的两位贤君而欢呼，数以千计的奴隶夜以继日地赶制着禅让大典中需要的器物……

　　然而，这个故事的结局并不完美。

　　后世传说，杜宇曾强占过鳖灵的妻子；又有传说鳖灵继位后是一个无道昏君。总之，这段历史最终化作为"杜鹃啼血"的悲情传说。

　　可以想见的是，数千年前，杜宇部族与鳖灵部族最终兵戎相见了。燎祭中冲天的火光瞬间化为满城燃烧的战火。最终，鳖灵登上了新王宝座，他就是后来古蜀国开明王朝的第一代王；而杜宇却消失不见了，或者去世了，也或者是逃亡了……

西蜀天漏

✪三星堆迁都

遗憾的是，没有详细文字考据，人们无法确切得知三星堆是否真的因为内讧而一夜变为废墟。不过有确切记载的是，开明氏曾多次率领部族迁都，并逐渐向岷山脚下迁移，似乎想要寻找到更宜居的家园……

2001 年 2 月，三星堆 1、2 号祭祀坑被发现后的第 15 年，在距三星堆 60 千米外的成都西郊金沙村，人们发现并出土了大量象牙、玉器、金器和青铜器。与三星堆青铜大立人像相同着装、双手摆着同样姿态的青铜小立人，以及与三星堆金杖上图案如出一辙刻着鱼鸟箭的金冠带，都向世人昭示：三星堆和金沙有着某种神秘联系。

考古人员更是通过碳 14 测年发现，金沙遗址与三星堆遗址在年代上有着明显承继关系。这也为三星堆人迁都以及可能的部族内讧猜想提供了证据。

据《蜀王本纪》载，"蜀王据有巴蜀之地，本治广都樊乡，徙居成都。"古蜀国第五代开明王率领部族，从最初的广都樊乡最终迁都到今天的成都，后经百年，金沙最终成为远近闻名的富庶之地。

从近些年的考古发现和研究中，人们发现三星堆文化除传继到金沙外，还有一部分流散到了今天的陕西南部，甚至一部分沿着南方丝绸之路（也就是当年杜宇王重归四川的道路）传播到了今天的云南东北地区和贵州等地。

金沙遗址

✪古蜀王朝灭国

　　公元前 316 年秋，秦惠文王出兵攻打蜀国，短短几个月，蜀国大败，蜀国国君也在逃亡中被秦军杀害，传承了十二世的开明王朝就这样灭亡了。这段历史被记载在《太平御览·蜀王本纪》中，并有了"石牛粪金，五丁开道"的传说。

　　为了打通进入蜀国的道路，秦国想出一招，秦惠文王命人制造了6头庞大的石牛，石牛体内凿空并暗设机关，定时会有金子从石牛的屁股后掉出来。秦惠文王借口将金牛赠送给蜀王，但石牛太重运送起来非常不容易，得先修通秦国通往蜀国的道路。

　　蜀王贪恋这6头能拉出金子的牛，派遣5名壮丁力士带领数万民工开凿了金牛蜀道。谁知，道路修通后，秦国送来的不是金牛，而是长驱直入的大军。

　　这个热闹繁盛的古蜀国从此消失，蜀地变成了秦国的属地，古蜀文化也随着秦国一统天下融进华夏文明，成为其重要组成部分。

　　近百年来随着三星堆、金沙考古工作的逐步开展，沉睡数千年的古蜀王国，一醒惊天下，再醒惊世人。遗憾的是，文字的缺失导致这段历史并不完整，人们只能通过种种猜测和诸多考古实证来推演它曾经的辉煌。不过，历史记载会断，文明却不会停止，三星堆古蜀文脉并未消失，在时隔3000多年后的今天，再次惊艳世人，引发人们的探究热情。

　　关于三星堆、金沙和古蜀文化的考古探源工作还将继续，人们期待通过不断努力寻找更多实证，重现3000多前那段辉煌的古蜀文明。

秦

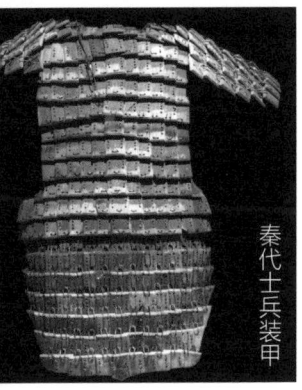

秦代士兵装甲

三星堆出土的铜兽面饰物

南迁古蜀人寻踪

公元前 316 年，秦军铁骑踏灭蜀国，古蜀人何去何从？毫无疑问，大部分古蜀人变成了秦国的臣民，在成都平原这块土地上繁衍生息，并与从各地迁徙而来的移民不断融合，从而有了如今的四川人；还有一部分古蜀人跟随蜀王残部辗转南迁，他们一路南下到千里之外的云南，甚至到达交趾（今越南北部），并在那里建立了瓯雒国。

从成都长途跋涉至云南乃至越南交趾，古蜀人经历了怎样的过程？追随南迁古蜀人的背影，我们一起来寻找他们的踪迹。

云南青铜贮贝器

古蜀人南迁终点之谜

　　20世纪80年代，一批关注东南亚考古的中国学者注意到，越南北部青铜时代的考古文化与中国四川地区同时期或稍早时期的考古文化存在某些相似性或一致性，如越南北部的永福省和富寿省相继出土了多件与三星堆器物形制极其相似的玉器。

　　其实在三星堆祭祀坑出土了数千枚海贝时，人们就开始产生疑惑：四川盆地不靠海，人们从哪儿找来这么多海贝？从海贝的形制来看，它们大多背部磨平，有穿孔，可见是为了更好串系在一起使用的。在当时，这些海贝应该是人们作为货币用来交易的。研究者发现，这些海贝多是产自印度洋深海水域的白色齿贝。毫无疑问，早在3000多年前就有一条通道能从印度等南方地区到达蜀地。

成都锦门——南方丝路起点

三星堆出土的海贝

150

　　四川芦山县，是古代南丝绸之路的重要站点。这里的博物馆里保存着一件青铜器，它与三星堆青铜器有着相似的青铜雕刻、相同的跪坐姿势、同样虔诚的表情。

　　同样的情况也出现在滇国（今云南中东部地区），考古人员发现这里出土的青铜贮贝器，跟三星堆青铜器物形制几乎完全相同。

　　很显然，三星堆文化神秘消失之后，古代西南丝绸之路上却生长出了一条隐秘的青铜文明带。

槽渔滩——蜀身毒道必经之地

　　文明的形成，离不开它所处的自然环境。经过考古证实，学界一致认为，在张骞打通北方丝绸之路前，沿南丝绸之路，从四川经云南到越南，西南地区确实存在着这样一条通往东南亚、西亚的商贸通道，即南方丝绸之路。

　　考古人员也发现，三星堆、金沙遗址出土的黄金权杖、黄金面具等，在商代中国的其他文化区并未找到类似器物，它们很有可能就是古蜀人接受东南亚、中亚文化影响后，结合自身文化传统改造创新而成。

　　可见，三星堆青铜文明被某个族群带着继续向南方传播，一直到今天的中国云南和老挝、缅甸等地；在向南传播过程中，青铜器制造工艺也在不断融合改变，达到新的高峰。

据记载，公元前300多年，中原各地群雄逐鹿，秦国将目标瞄准蜀地，意图将它作为粮草和兵源地的大后方，秦国大军压境，蜀王率部众迎战不敌，古蜀国破。

蜀王子安阳王整理集结各部族计3万余人，与秦兵决战，仍惨败，各部族首领或降或亡。不得已，安阳王率领部下扶老携幼开始了南迁之行。

考古研究发现，南丝绸之路沿途的汉源、越西、西昌、盐源、昭觉、会理等地，都发现有蜀地器物及巴蜀土坑墓。这些地方并非古蜀国的势力范围，这正好说明古蜀人是顺着南方丝绸之路南迁的。

黄金面具

三星堆出土的铜兽面饰物

　　2005 年 2 月，四川考古研究院考古队赶赴越南进行考古发掘，出土了一系列牙璋、玉璧、玉璋、玉戈、陶器、铜瑗等与古蜀三星堆器物形制相似的文物；考古人员在瓯雒国还发现，他们的祭祀模式跟古蜀国是相同的。

　　一个民族是不会使用其他民族的陶器、玉器、青铜器的，祭祀更是跟本民族的信仰崇拜有关，绝不可能照搬他人的。唯一的解释，就是两者之间有着某种传承关系。从年代来看，古蜀文明在前，越南瓯雒文明在后，显而易见，古蜀文明随

着安阳王部众的南迁，得以落地越南并蓬勃发展。

不过，史学家指出，安阳王部众的南迁之路并非一帆风顺。

面对强大蜀人军队的入侵，在交趾的瓯雒人自然是奋力反抗，后因不敌而不得不舍弃赖以生存的领地，迁徙到更荒凉的地方生活。不久，蜀人攻下文朗国，这才建立了瓯雒国——一个新的古蜀王国在交趾冉冉升起。最终，瓯雒国在南越王赵佗的强势进攻下亡国。

故事到此还未画上句号。有学者认为，瓯雒国还不是古蜀国的终点，古蜀人迁徙的脚步并未停止，他们又在更远的西卷、西屠相继落户建国。有关古蜀人南迁的终点，学界还在研究中。

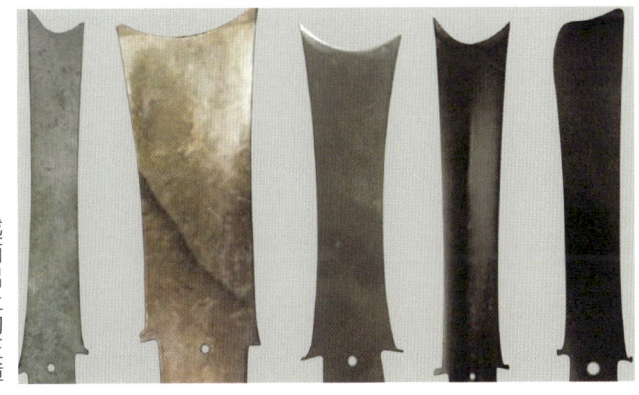

越南出土的玉璋

155

🏺古蜀人从何而来

古蜀人从哪里来？

今天的四川盆地和重庆市辖境内，主要聚集着汉族和藏族、彝族、土家族、羌族、苗族、回族、纳西族等14个少数民族，自古巴蜀地区就是多民族交融的地方。

史料记载，蜀人的祖先即古羌人，蜀国先民是古羌人的分支，从岷江上游而来的；在秦灭蜀之前，古蜀国分别由蚕丛氏、柏濩氏、鱼凫氏、开明氏诸族统领。

这得到考古研究的证实。2009年后，考古者就相继在成都平原西北边缘靠近龙门山附近、阿坝茂县营盘山等地发现有

四川茂县古羌城

房址、灰坑、窑址的遗存，并出土大量陶器、石器、玉器以及骨器。

不同地区在考古器物的纹饰上是有所变化的。如三星堆二期出现了与鸟有关的器物，这意味着柏灌取代了蚕丛；而第三期出土的器物上不仅有鸟的图案，同时还有鱼的纹饰，它反映出鱼凫取代了柏灌的历史事实。可见，古蜀部落是在不断发展过程中逐渐融合的。

正如专家们所指出的那样，在中上古时期，"蜀人"并非单一的"蜀族"，而是多民族融合一体的族群。据分析，古蜀人主要由本地土著，以及从江汉平原、西北地区、黄河中下游等地迁入的各部族构成。

　　蜀地并未如人们所想象的那样完全不通人烟的，相反它因特殊的地理位置和环境，反而成为不同时期周边各氏族逃灾避难、安居乐业的好地方。学界认为，在什邡西北有一处西北高原向川西平原过渡的高山峡谷地带，它就是一条人口从西北向西南迁徙的重要通道。

　　或许，古氏、羌族就是通过这条走廊历经多次从北往南的迁徙，分成无数个支系，最后到达长江上游以及黄河流域以南的广大区域的。

　　古蜀文明，正是在各民族不断迁徙和融入的过程中，在不同地区的文明与蜀地文明相互碰撞中变化发展起来的。

哈尼族村落和梯田

云南哈尼族人是三星堆人后裔吗

　　云南红河沿岸的哈尼族，世代生活在云南及周边地区，开垦梯田种植水稻，是典型的山地稻作民族。这里距四川盆地千里之遥，但有人推测，哈尼族的部分居民很可能是古蜀三星堆人的后裔。这是真的吗？

　　有专家追根溯源，哈尼族人是古氐、羌族从西北南迁到红河南岸落脚的一个支系。绵延几千千米的路途，对哈尼族先祖来说无疑是项浩大的工程。他们需要翻越无数崇山峻岭，跋涉无数大江大河；威胁他们的不但有猛兽、瘟疫，还有来自异族的敌对和仇杀。

　　哈尼族为什么要历尽艰辛进行迁徙呢？

　　哈尼族世代口耳相传着这样一部史诗——《哈尼阿培聪坡坡》。"阿培"指祖先之意，"聪坡坡"的意思是从一处搬迁到另一处，也有逃难之意。这部史诗讲的就是哈尼族祖先筚路蓝缕、披荆斩棘在崇山峻岭之间不停迁徙，然后在云南寻找到美好家园的曲折而漫长的迁徙历程。

　　父子连名是哈尼族一个独特的文化传统，即父亲名字的尾字作为儿子名字的首字，以此类推，就把同父系家族成员的名字一代接一代串联下来，形成家族连名谱系。就这样，即使在没有文字的年代，哈尼族人通过背诵家谱，就能很好回溯自己的祖先。

云南哈尼族葬礼仪式　葬礼上「贝玛」将会为死者吟唱史诗

哈尼族人的葬礼仪式

南迁的哈尼族与神秘的三星堆有着什么样的关系？

哈尼族习俗里隆重庄严的葬礼仪式引起了人们注意。葬礼中，主持念经驱鬼、开路送魂丧事礼仪等重大活动的"贝玛"不仅会哭唱挽歌回顾死者的一生，还会吟唱哈尼族史诗回顾祖先的迁徙历程，再通过祈祷引导死者的灵魂回到祖先的身边。

在哈尼族人看来，死亡是人生大事。他们坚信，人在去世之后，他的灵魂会回到北方。

哈尼族人的"祖先崇拜"以及"事死如生"观念，与古蜀人的丧葬观很相似。

古蜀人认为，他们的祖先是从西北方向的高山中来到成都平原繁衍生息的。因此人在去世入葬时，坟墓的墓头会朝向祖先所在的西北方向，以示对祖先的缅怀和崇拜。这一点考古人员在三星堆遗址和金沙遗址的墓葬区都得到证实，几乎所有坟墓的墓头都是朝向西北或西南方向的。

哈尼族的十月历法

历法，也是哈尼族来自北方民族的一个有力证据。历法是人们为了日常生活需要，根据天象制定的时间计算方法。

哈尼族实行的是一年三个季节的传统历法，分别是冷季、暖季和雨季，每个季节为四个月。冷季相当于汉族农历的秋末和冬季，暖季相当于汉族农历的春季和初夏，雨季则相当于农历的夏季和初秋。在三个季节划分之外，哈尼族也会参照物候历来安排农事活动。这是哈尼族人根据多年观测到的自然物候、作物物候、害虫发生期和农事活动整理成的农事表。

数千年来，我国先民创造了多种历法，每个历法都有一个历元作为标记时间的开始。不同朝代历法有所不同，如春秋战国时期的夏历、殷历和周历，人们统称为三正历。三正历季节划分不太一样，有的分为雨旱、春秋两季，有的是四个季节。它们的岁首也不同：周历以夏历的十一月为岁首，殷历则以夏历的十二月为岁首。

春秋战国之后，中原地区的人们创制了"四分历"，即大部分地区都采用了"一年按四个季节来划分"的方式来计算时间。

哈尼族遵照三季法和物候表来安排农事生产

　　秦始皇统一全国后，推行了大一统的政策——"书同文，车同轨，统一度量衡"，还将"秦历"定为国家法定历法。秦历新年从十月初一开始，且一年包括十个月，称"十月年"。

　　有意思的是，哈尼族也以十月为岁首，且在每年农历十月的第一个属龙日要过"十月年"。哈尼族的"十月年"又称大年、扎勒特，是哈尼族的传统佳节。

　　哈尼族的历法很可能是沿用的"秦历"；另一个证据就是，哈尼族和秦国人都崇尚黑色。加上其他方面的研究证明，哈尼族源于它偏北方向的民族，这一点是毋庸置疑的。

哈尼族人行走在梯田田埂上

哈尼族的排洪方法

　　不管哈尼族人是否出自蜀地，或者他们曾途经或在蜀地停留过，学界认为还有一个证据，那就是都江堰水利工程。

　　都江堰距三星堆遗址仅仅数十千米，它所在的岷江流域，除了发现有三星堆遗址外，还有数十个大大小小的古城遗址。文明的存在，跟它周围的环境是密不可分的。

　　都江堰是迄今为止依然在发挥防洪灌溉作用的年代最为久远的无坝引水工程。它巧夺天工的设计智慧在今天仍然令人叹服。

　　都江堰的设计建造者是李冰和他的儿子。有人说李冰是山西运城人，也有一些史籍记载，李冰是西南地区的少数民族。他巧妙利用当地的地形，修建鱼嘴将岷江分为内外江，利用江水本身的流势和力量变化，来分流排洪。

　　这样一个设计复杂的千古工程，其原理却朴素而简单，在都江堰附近的河流中随处可见，这是十分罕见的民间智慧。今天的人们不禁疑惑，究竟是都江堰建造在前，还是这种民间排洪方法出现在前，已无法得到明确的答案了。时间淹没了太多的真相，给人们留下了太多的谜题。

　　令人惊奇的是，在云南哈尼族人的农耕区域，人们也见到

都江堰

了与四川都江堰类似的排洪方法。难道哈尼族人真的曾在四川成都平原生活过？

虽然对于云南哈尼族是否是古蜀三星堆人的后裔这个问题，我们暂时给不出肯定的回答，但诸多证据表明，哈尼族人和四川还是有着千丝万缕联系的。

可以明确的是，哈尼族人与古蜀三星堆人一样，都来自北方古氐、羌民族。不过由于环境、瘟疫、战争等种种原因，人们不得不向南迁徙，跋涉数千里，并最终在彩云之南安居乐业、繁衍生息，这才有了现在辉煌灿烂的哈尼族文明。

羊首龙身青铜柱形器

科技考古再现三星堆文明

　　"蚕丛及鱼凫，开国何茫然！"近百年来，随着三星堆遗址一大批精美神秘的珍稀文物出土，古蜀文明让人们感到既神往又迷茫。尤其是这些三星堆出土器物大多以碎片残骸且普遍烧灼的形态呈现在世人眼前，极大地激发了人们的好奇心：它们的创造者是谁？有什么用途？出土时为什么是破碎的？是人为还是意外？曾经到底发生了什么……一系列谜团就像一块块散落在四川盆地古老遗址中的"文明碎片"，如何去还原、破解它们，成了考古人继挖掘工作之后，继续肩负的重中之重的工作。

不可再生的三星堆文物

古蜀国是一个充满传奇色彩的国度，在三星堆遗址被发掘之前，人们只是通过史书和神话传说，知道蚕丛、鱼凫、杜宇、鳖灵等古蜀国王及古蜀国的存在。这些遥远而充满神秘色彩的描述，让人们对古蜀国谜团心生好奇，但没有人知道古蜀国人的真实生活是怎样的。

三星堆遗址的发现、一系列前所未见的稀世珍宝出土，考古专家终于找到了古蜀人真实存在的实证——三四千年前的长江中上游，一个空前繁荣而强大的文明古国出现在了世人面前。它有着高度发达的青铜和金银制作技艺，它的水利业、城市建设甚至远超同时期的中原文明。遗憾的是，这个中国西南首屈一指的大国，与夏人、商人、秦人、楚人、巴人发生了大大小小、多如牛毛的战争，并在一次次战争冲击下，实力被削弱，土地一点点被瓜分，最终亡国灭族，黯然退出历史舞台。

90多年前的一次偶然发现，将世人的目光聚焦到这个沉睡了数千年的古蜀文明，也引发了人们对三星堆古蜀文明持续不断的探索热情。

铜顶尊跪坐人像

3号坑挖掘现场

　　人们深知，作为中华优秀文明资源的重要组成部分之一，三星堆文物和文化遗产不可替代，更不可再生。如何更好地保护性发掘、提取、修复、管理、研究、继承好三星堆文物和文化遗产，就变得尤为重要且关键了，这也是三星堆文物和文明给考古人的最大考验。

多技术手段助力发掘过程

正是因为三星堆留给人们的未解之谜太多，每件文物都尤为珍贵且不可再生，从整个发现到提取的全过程，考古人员慎之又慎，所投入、花费的心力远超人们想象。尤其这次6个新祭祀坑的发掘过程，三星堆考古人更是借助多学科交叉技术手段，对全过程采取边发掘边保护、边修复边研究的措施，旨在在科学保护文物的基础上更准确地破解三星堆谜题。

文物考古有很多不确定性，整个过程处理不当或稍有失误，就可能对文物和整个考古环境造成不可逆的损伤。怎么将伤害减少到最小？三星堆考古人想了各种办法。

比如，以往人们在提取重要遗迹时，为了有比较宽阔的操作空间，往往会先把周围的土全部清除掉，这样做稍有不慎就可能破坏整个考古环境或误伤可能掩埋在土中的文物。这种方式放到三星堆考古中显然不适用，因为三星堆祭祀坑文物密集，坑中所有东西都非常重要，且祭祀坑本身也是非常重要的遗迹现象。

为了更好保护整个祭祀坑考古环境，考古人员尝试将整体环境作切割，将它们完整地提取到文物保护中心，再在科学监控下作精细化实验室清理。

新的挑战随之而来：怎么整体切割和提取才能不破坏文物遗迹呢？考古人员做了多角度探索，比如找个同等大小的坑先做个模拟实验，模拟提取一遍，详细记录下操作过程中有哪些问题，那么再在实际操作时就能有效避免。用考古人的话说，"为了达到最好的效果，不计时间和成本。"

每个三星堆考古现场都搭建了考古发掘大棚，配备了专门的"考古方舱"。考古方舱的设计在国内算是首屈一指，它将各种先进设备系统集成在一起，旨在建一个应急保护平台，更好保障文物安全。

方舱内先进设备一应俱全：有恒温恒湿的环境，能有效保护出土文物尤其是脆弱的有机质文物，不出现氧化、风化等异变；有专门的分析检测室，有激光共振拉曼光谱仪、X光衍射仪、扫描电镜、三维扫描仪、有线索道摄像机等，除对文物进行检测分析外，也随时拍摄记录文物，新技术和新设备的应用，能保证不间断地记录下整个发掘过程，随时监控哪怕细小的变化过程，相当于把整个发掘现场搬进了实验室。

考古方舱

考古现场还配备有新型显微观察装置，能清晰看到哪怕是微小文物的整个形貌，对文物发现和提取很有帮助；工作人员也首次穿上了防护服，以避免人体可能携带的微生物和细菌对文物造成损伤。

为了避免发掘现场对文物的人为踩踏和破坏，每个祭祀坑发掘现场上方都设有可升降的桁架。通过桁架，考古人员能实现在祭祀坑上方"悬空"考古发掘。这种无接触考古方式，也便于最大程度保留考古信息。

可以说从发掘到研究的各个环节，三星堆考古都采用了多学科技术，其科技含量和水准已经达到世界顶尖水平，甚至有多项技术手段和装置已经申请了专利。

器物的管理过程也更加

借助高科技手段进行考古

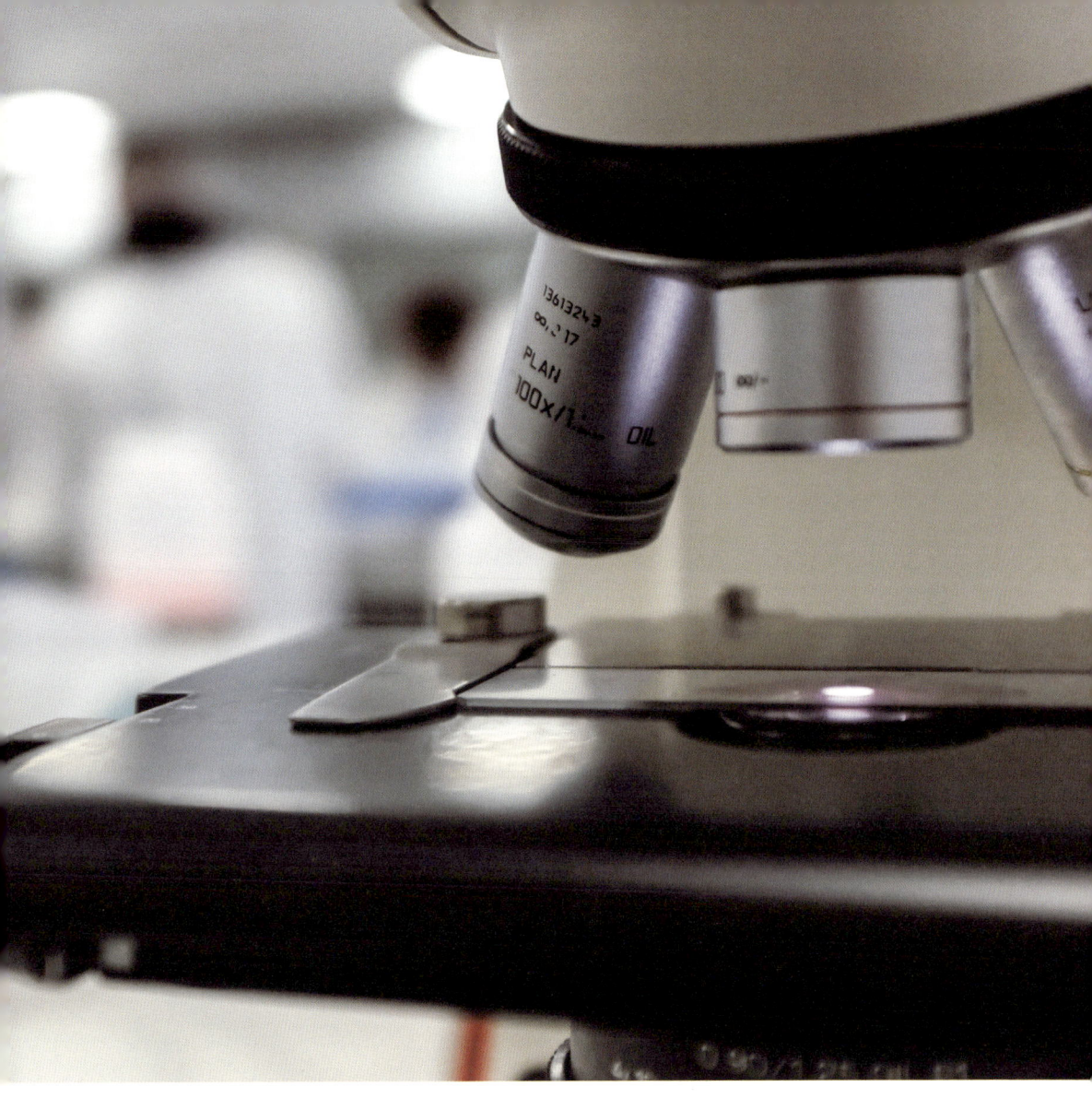

科学化和规范化：除器物抽取的过程有详细影像记录外，每件抽取出来的文物都会专门建档——贴标签、设置专属二维码，扫码入库科学保存。比如，刚提取出的玉琮会被送往现场微痕物应急保护室进行观察，文物保护人员通过超景深显微镜即可查看玉琮表面是否有病变状态，如是否有裂纹等；观察玉琮上含有纹饰的部分，并通过拍照为其采集原始信息。

正是多项跨学科技术手段的使用，考古学家们不仅顺利提取出众多肉眼可见的文物，还在灰烬中发现了动植物遗存，探测到古蜀国有着丰富的淡水资源，这对研究 3000 多年前四川盆地的生态环境有着重要意义；尤其通过显微观察和丝蛋白分析，考古学家在多个坑中发现了丝绸，这些丝绸遗迹多为平纹绢，由此足见当时古蜀人的纺织工艺有多么高超，这项发现填补了我国西南地区在夏商时期无丝绸实物的空白。

通过这些新的考古发现，3000 多年后的我们仿佛看到古蜀先民在这里祭祀、缫丝、种植植物、饲养动物、铸造青铜器等生机勃勃的景象，也由衷感叹他们丰富的创造力和想象力。

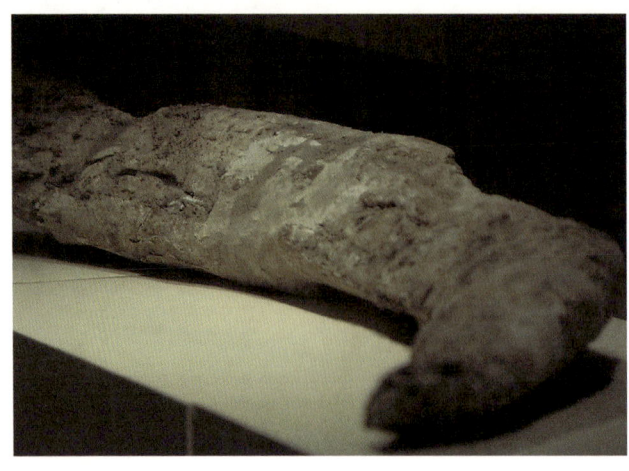

出土的象牙

🖌 "抢救" 脆弱的象牙

通常而言，文物发掘和保护是同步进行的，尤其在现场提取时，需要针对不同类型的文物，采取不同的应急保护措施。

要问三星堆考古人，祭祀坑中什么器物最难提取？毋庸置疑，一定是象牙了。它们的提取和保护是最难的。

这是因为这些象牙经过火烧、夯打和3000多年的地下埋藏，内部的有机物质已经完全分解，只剩下无机物质，一旦环境变化，象牙表面水分流失，整根象牙就会像饼干一样酥化，一碰就碎。

象牙

象牙提取现场

　　怎样才能安全地把象牙提取出来呢？

　　提取的难点主要来自两个方面：一方面，象牙本身的腐蚀糟朽情况非常严重，自身强度不足以支撑本身的整体性；有的象牙已经没有釉质层，外层是碎裂硬壳，内里相当于泥沙，一不小心就会断裂破碎。另一方面，象牙与象牙之间、象牙与其他器物之间，叠压得特别复杂且没有规律，保护象牙的同时，也必须保护好别的文物，提取难度倍增。

　　那要如何提取出象牙呢？1986年的象牙提取就是一个很好经验。刚开始，人们没能预见到象牙一碰就碎的情况，导致很多象牙刚出土就受损且难以修复。

　　最主要的一点就是，三星堆象牙大都在祭祀坑中最上层，也就是灰烬层中。灰烬层会吸附大量水分，比正常情况下的土壤含水量多出40%。象牙长期浸泡在这样的环境里，整体质地变得很酥软，这也就导致在没有保护措施的情况下象牙一接触外界干燥的环境就会迅速开裂，进而粉化。面对这种情况，早期考古人通常采取的方式就是紧急就地回填，快速将象牙埋回原来的环境当中，以保证其周围水分和微生物环境不变。

有机硅封护保存的象牙

祭祀坑出土的象牙

后来，人们研究出有机硅封护保存的方式，将象牙封存在有机硅中不与外界接触。这种方法既能很好保护象牙不受破坏，还能时刻监测象牙变化，以便立即采取新的保护措施。

经过多年研究和多方论证，在这次 6 个新祭祀坑的发掘过程中，人们采取的措施是在保证温度和湿度的条件下，先将象牙和周围的器物、泥土作分离；再为象牙敷上"面膜"，即仿生保水材料，防止象牙滋生霉菌和细菌；然后对象牙进行加固以保持其整体性；最后从坑中提取出来。

象牙加固，考古人员现在多采用高分子树脂绷带，取代之前的石膏敷膜法，它的好处就是轻便，而且比石膏硬化得更快，不会对现场造成污损；加固后的象牙就能比较轻松地提取出来了。

至此，象牙保护工作还没有结束。考古人员还需要较快对提取出来的象牙进行剔除工作，清理象牙表面的污垢，再加入长期保护剂，这样处理过的象牙才能更好在诸如常温或冷湿环境中保存。

当然，为了后续更好地对象牙做进一步深入研究，三星堆考古人员也将部分象牙半冷冻保存在象牙冷库中，以便更好地将象牙中蕴含的 DNA（脱氧核糖核酸）或其他蛋白质信息长期保存下来。

3号祭祀坑出土器物

用 3D 技术修复文物

除文物的发掘、提取、保存外，考古人员还有一项很重要的工作，那就是对器物碎片进行修复拼接，尽可能地复原出土文物的原本样貌。

不过，以三星堆出土器物数量之大、类型之丰富，如果完全依靠考古人员的视觉与记忆去拼接修护，这将是一项十分困难且复杂的工作。而借助了人工智能等技术手段的帮助，三星堆文物修复工作就变得更为便捷、迅速了。

三星堆博物馆旁一间办公室里，文物修复师正在紧张地忙碌着，他们将要完成一项看似简单却十分艰巨的任务。

三星堆器物在出土时大多存在不同程度的残损，尤其断裂比较严重。在此之前，人们只能通过器物拼接的方式，直接在文物上进行开模等来修复文物，耗时又耗人。而且，青铜器在地下埋藏了数千年，往往会锈蚀、斑驳，甚至断裂。以往，人们在保护出土青铜器时，通常采用的方式是在青铜器外面包上薄膜、软布，再用石膏进行固定。整个过程，

破损的青铜面具

文物保护修复展示中心

稍有操作失误，就有可能对器物造成不可挽回的损伤。

　　曾经有一次修复的青铜器在埋藏时被人为敲打过，它的一侧已经断裂，修复师希望通过 3D 技术与传统修复工艺相结合的方式，铸造出这件破损器物原貌的复制品。

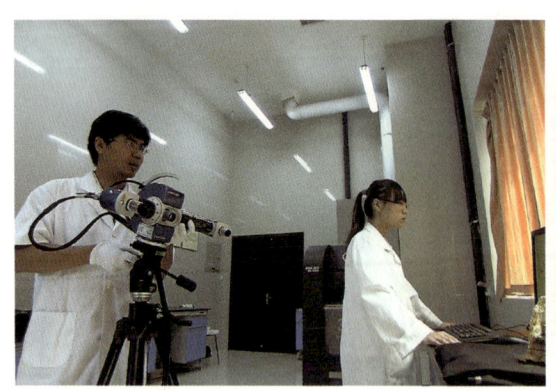
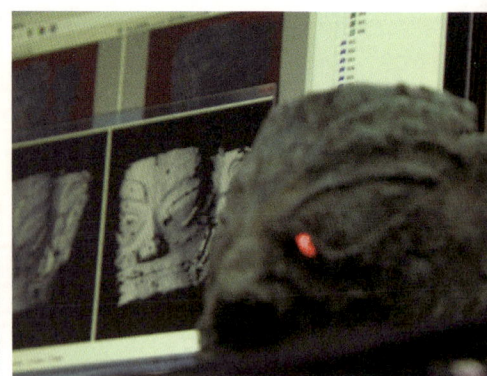

工作人员用仪器扫描文物　　　　　　　　　文物图像被记录到电脑里

　　3D 扫描打印技术最初出现于美国，可以把它看作是一架照相机，不同的是，3D 扫描打印仪并非简单的二维颜色收集，而是采用光学技术对物体进行三维高速度高密度测量，从而得到实物的三维数据。

　　这项技术最先应用于工业测量，随着技术的成熟才逐渐出现在其他领域。英国一家超市就推出了一项人体扫描服务，只要用扫描仪对人体进行 360 度扫描，就可以制造出一件和真人一模一样的 3D 人偶。

　　美国哈佛大学闪族博物馆的两位研究人员，最早将 3D 技术用到残缺文物的修复上，他们用 3D 打印机和 3D 扫描软件，成功恢复了一件 3000 年前被打碎的狮子模样的瓷器。

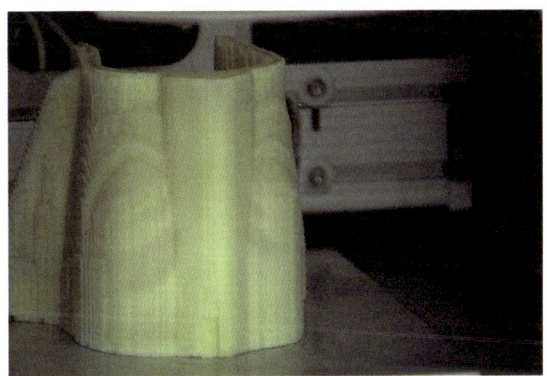

正在扫描的文物　　　　　　　　打印出来的树脂模型

　　这次三星堆修复师用 3D 扫描打印技术对残损文物进行修复，在国内是首次尝试。

　　修复师把残损的青铜面具放在扫描仪上，扫描仪开始对面具扫描，图像会自动输出到电脑里。多次扫描后，人们就会采集到整个文物完整的三维数据，然后再用 3D 软件进行整合处理，最后将处理后的图像打印出来，就能得到一个接近文物原貌的 3D 模型。

　　整个过程持续了 20 多个小时，这 20 多个小时将决定修复的成功或失败。修复师怀着期待又忐忑的心情，缓缓打开 3D 打印机，一个淡黄色的面具模型出现在眼前。这件树脂材质的面具就是那件断裂的青铜面具通过 3D 技术最终获得的模型。

　　接下来，文物保护中心的工作人员用石膏对树脂模型进行翻模，待石膏凝固风干后得到一件与原文物等大的石膏模具，对石膏模具细加工后再送到铸造厂进行浇铸。最终，一件和原文物一模一样的青铜面具复制品就完成了。

　　考古人员还可以通过 3D 打印技术打印出器物模型，再在模型上涂上半凝固的硅胶材料，然后将硅胶保护套穿在出土器物上，用石膏固定，就相当于给器物穿上"防护服"了。

修复师对树脂模型进行精雕细琢

正在进行翻模

3D 打印技术在青铜器器物保护上的创新性应用，有效避免了对青铜器可能带来的损坏，同时能帮助人们很好复原再现破碎的青铜器物，因此备受考古人员的喜爱和推崇。

值得注意的是，三星堆遗址祭祀区出土的青铜器、金器、玉器、象牙，大部分都是以碎片、残件的方式存在的。在未来，要想将这些碎片完整复原并呈现在世人面前，这将是一项长期而艰巨的工作。这是对三星堆考古人员的考验，也是时代交付给他们的重要使命。他们可能会投入 5 年、10 年、20 年，甚至一生的精力，用到三星堆研究上。道路阻且长，但这并不能难倒三星堆考古人，他们终将会揭开三星堆的秘密。

青铜面具复制品

189

令人欣慰的是，在几代文物考古工作者的不懈努力下，三星堆遗址"古文化、古城、古国"的基本面貌已经比较清晰，出土器物的发掘、修复以及保护研究工作也在有条不紊地进行着。

三星堆遗址的发现，不仅直接证明了中国西南地区古蜀文明的存在，而且还证明了成都平原也是长江上游古代文明发源地之一，为中国古代文明宝库增添了一个辉煌的宝藏。

三星堆文化遗址是人类文明史上的伟大杰作。它的存在显示，古蜀文明在成都平原新石器文化的基础上，吸纳中原、西北和长江流域等文明的精华，逐步发展形成。同样地，在古老的中华大地上，不同时期、不同地区的文明也在生机勃勃地繁衍发展着，它们终于汇聚成璀璨的中华文明。

参天之木，必有其根；怀山之水，必有其源。正是因为背靠着悠久绵延的中华文明，中华民族才有力量、有底气、自豪而坚定地走自己的路，不断奋勇创新、积极进取，创造出更多辉煌。这是历史留给中华民族最宝贵的文化遗产，我们每个中国人都肩负着保护、传承好这些历史文化遗产的责任。

三星堆考古仍在继续，总有一天三星堆谜团会被破解。我们相信，在四川盆地这块神奇的土地上，会有更多精彩等待人们去创造。

文明还在继续……

羊首龙身青铜柱形器

三星堆人头像

图书在版编目（CIP）数据

三星堆秘密 / 科影发现编 . -- 北京 : 中国科学技术出版社 , 2023.6（2024.7 重印）
（博物馆里的考古大发现）
ISBN 978-7-5236-0155-6

Ⅰ . ①三… Ⅱ . ①科… Ⅲ . ①三星堆文化—通俗读物 Ⅳ . ① K872.71-49

中国国家版本馆 CIP 数据核字 (2023) 第 066205 号

策划编辑	徐世新
责任编辑	向仁军
封面设计	锋尚设计
正文版式	玉兰图书设计
责任校对	张晓莉
责任印制	李晓霖

出　　版	中国科学技术出版社
发　　行	中国科学技术出版社有限公司
地　　址	北京市海淀区中关村南大街 16 号
邮　　编	100081
发行电话	010-62173865
传　　真	010-62173081
网　　址	http://www.cspbooks.com.cn

开　　本	710mm×1000mm　1/16
字　　数	119 千字
印　　张	12
版　　次	2023 年 6 月第 1 版
印　　次	2024 年 7 月第 3 次印刷
印　　刷	北京瑞禾彩色印刷有限公司
书　　号	ISBN 978-7-5236-0155-6/K·366
定　　价	88.00 元